다석 **유영모** 시집 ③

죽는 날 받아놓았다지?

가가 **함인숙**·유유 **김종란** 편집

다석 **유영모** 시집 ③
죽을 날 받아놓았다지?

저자	유영모
편집자	함인숙 김종란
초판발행	2021년 4월 12일
펴낸이	배용하
책임편집	배용하
등록	제364-2008-000013호
펴낸곳	도서출판 대장간
	www.daejanggan.org
등록한곳	충청남도 논산시 가야곡면 매죽헌로1176번길 8-54
대표전화	(041) 742-1424 전송 (0303) 0959-1424
분류	기독교	인물	영성	시
ISBN	978-89-7071-555-1 03810

 값 15,000원

차 례

죽을 날 받아놓았다지?

죽을 날 | 죽을 날 받아 놓았다지? | 사흘 남은 오늘 | 죽기로 작
정한 날 | 코로 숨쉬는 사람이여 | 죽을 날짜를 트고 나가다 | 죽
을 날을 하루 넘기고 | 함께 하심으로 | 올 해 1955년 | 진명학교
교장 이세정 | 끝만 따고 간다 | 전사자 잰 맥코니 편지 | 척하고
사는 세상은 아닐 터 | 오늘도 또 척한다 | 무엇이 걱정이냐? | 괜
찮다는 말 | 오늘부터 9시 출근 | 어찌 그럴 수가! | 치통 다스리
기 | 있다 가는 이 | 나의 사랑스런 책이여! | 모름부터 마침까지
| 진리대로 산 사람 | 마중과 배웅 | 죽을 뻔한 목숨이 산 것 | 바
로 잡으면 | 탈의 빌미여! | 수수께끼 | 이제를 가질 수 없는 사람
아 | 없어져야 믿게 된다 | 왜 오오? | 참으로 딱한 것이 | 빛난
새해 하루 | 높이 깊이 알아야 | 벌써 벌써 돌아왔을 게다 | 네 속
의 마음 눈 | 심장의 노래 | 절로 울림이어라 | 복은 말없이 | 몸

바빠, 맘바빠, 배바빠 | 사람이라는 코끼리 | 첫 새벽의 고백 | 꾀로 만드는 것 | 마음이 좋아라 하면

람 | 죽음! 구름 뚫고 솟다 | 죽어도 살아도 아바디만! | 하지 마 |
낯 | 빛깔 | 아직 얼굴은 좋다 | 나는 살아있는 솟날 아이! | 잠잔
맛 믿는 맛 | 밖으로만 잘할 판 | 큰 소리 잘 치는 게 영웅 | 참으
로 믿고 따라간 이 | 땅에 있는 이 아버지 | 모름을 받들어 | 좋고
좋다 | 속이 성해야 | 깨를 줍냐 | 마침의 삶 | 세상에 내치신 뜻
| 한 번이라도 놓여 봤더냐 | 착각하며 살기 때문에 | 누구나의 꿈

일러두기

1.다석 유영모는 1955년 4월 26일에 본인의 사망예정일을 1년 뒤인 1956년 4월 26일로 선포했다. 그리고 1955년 4월 26일부터 일기를 쓰기 시작하여 1975년 1월 1일 날짜만 써 놓으시고 일기쓰기는 마치셨다. 1958년 1월부터 10월 8일까지의 일기는 유실됐다. 20년간 쓰신 자필 일기공책을 그대로 복사하여 『다석일지』 영인본 1,2,3,권에 실었다. 4권은 부록인데 친필 이력서, 수첩, 늙은이老子 한글번역, 미터법 해석, YMCA 강의 속기록버들푸름, 잡지 기고문 등 유영모 관련 자료들이 실려 있다. 2019년 3월에 펴낸 「현대어로 거듭난 다석 유영모 시집」 1,2권은 『다석일지』 4권 중에서 주규식이 받아쓴 속기록인 「버들푸름」에서 발췌하여 줄을 바꾸고 현대어로 다듬어 시의 느낌이 나도록 편집한 것이다.

2.「현대어로 거듭난 다석 유영모 시집」 3,4권은 「다석일지」 1권에서 발췌하여 뜻은 유지하되 시형식을 빌어 창작한 것이다. 3권은 1955년 4월 26일부터 1958년 12월까지, 4권은 1959년 일기이다. 한시나 풀기에 어려운 일기는 제외하였다.

3.다석은 신神을 '한웋님, 하늘님, 아브지, 아브, 아바디, 한아님, 한울님' 등 다양하게 말했다. 이 책에서는 다석이 품었던 신에 대한 부름의 느낌을 살리면서 다석의 독특함을 상징적으로 드러내는 '한웋님'으로 사용했다. 다석이 하나이신 하나님을 강조하신 부분은 '하나님'으로 그대로 표기했다.

4.다석이 일기에 쓰신 한자 앞에 읽기에 쉬우라고 한글을 달았다. 예: 366일전 三百六十六日前, 을묘 乙卯, 신 神 또한 간단한 도움말은 각주로 달지 않고 옆에 붙여 썼다. 예: 김정식 한국 YMCA 초대 총무, 주규식 법원 속기사로 1960~1961년도 YMCA 연경반 강의를 받아쓴 분, 1941년 51세

5.성경은 대한성서공회에서 펴낸 『성경전서』 새번역판을 사용하였다.

6.이 책의 이해를 돕고자 참고로 다석의 한글 풀이와 뜻 풀이를 실었다.

다시 태워서 밝힐 횃불

다석 선생이 돌아가신지 어언 40년, 직접 가르침을 받은 이들도 몇 분 계시지 않습니다. 다석 선생의 발자취를 새로 찾기가 어려운 때입니다. 이 때 다석 선생을 따르는 함인숙 씨알과 김종란 씨알이 선생의 말씀을 쉬운 오늘의 말로 풀어내어 책을 내었으니 참으로 고마운 일입니다.

다석 선생은 일생동안 진리를 추구하다가 드디어 깨달음에 들어가신 분입니다. 그는 많은 종교와 사상을 두루 좇아 하나로 꿰뚫는 참을 깨달은 분입니다. 그는 온 생애에 걸쳐 열과 성을 다하여 '참'을 찾고 '참'을 잡고, '참'에 들어가고 '참'을 드러낸 '성인'입니다.

선생은 매일 하늘로부터 받은 말씀을 35년에 걸쳐 YMCA 연경반에서 제자들에게 전달하였습니다. 선생에게서 가르침을 받은 함석헌, 김교신, 이현필, 류달영, 김홍호 씨알들은 예수를 따르는 그리스도인으로 예수의 길과 다석의 '참'을 실천하며 살은 분들입니다. 오늘날 종교가 제 빛을 잃어가고 있는 지금이야말로 다석의 '참'은 그 빛을 다시 태워서 밝힐 햇불입니다.

　다석 선생의 글월이 알아듣기 쉬운 말로 풀이된 이 책이 널리 읽히어 불안하고 외로운 이들이 사랑을 되찾아 평화로이 살기를 기원해봅니다.

(재)씨알 이사장 **김원호**

오늘도 다석을 만나려 산다는 것은

다석을 만나면서 항상 궁금한 게 있었다. 풀리지 않는 숙제같은 것이었다. 그건 다석이 죽을 날을 정해 놓고 지낸 1년은 어떤 심정이었을까? 그날이 왔음에도 죽지 않았을 때는 어떠했을까? 그날이 지나고 나서 그 다음부터는 어찌 지냈을까?

이번에 다석이 쓴 일기를 꼼꼼이 들여다보니 죽을 날을 정하면서도 심사숙고했다는 것을 알게 되었다. 11살 손아래 선생인 김교신의 죽음 앞에서 많은 생각을 하였던 것이다. 죽음 예행연습을 통해 깨달음을 얻고자 죽을 날을 정하고 보니 자신이 살 날수와 이승훈이 산 날수가 24,151일로 일치하는 것을 발견하고 이건 분명 하늘의 계시인 듯 기이하게 여겼을 것이 분명하다. 다석이 김교신, 유영모, 이승훈의 태어난 날, 죽은 날, 나이, 산 날수를 수첩에 기록해 둔 것만 보아도 알 수가 있다.

김교신金敎臣 일생[1]

1901.4.18.	목요木曜	16079일
신구辛丑 2.30	병인丙寅	2297주
1945.4.25.	수요水曜	545삭朔
을유乙酉 3.14.	갑자甲子	45세

유영모柳永模 일생

1890.3.13.	목요木曜	67세
경인庚寅 2.23	계사癸巳	818삭朔
1956.4.26.	목요木曜	3450주
병신丙申 3.16.	계해癸亥	24151일

이승훈李昇薰 일생

1864.3.25.	금요金曜	24151일
갑자甲子 2.18.	사구巳丑	3450주

---

1) 다석이 들고 다니면서 쓰신 수첩에 기록되어 있는 것인데 『다석일지』 영인본 4권 59
쪽에 수록되어 있는 것을 옮겨 적은 것이다.

1930.5.9.　　　금요金曜　　　818삭朔

경오庚午 4.11.　　　사미巳未　　　67세

　다석은 사망예정일에는 저녁 한끼 먹는 식사마저도 잊은 채 그
날을 넘겼다. 그 다음날을 살기가 쉽지 않았을 것이다. 그냥 살아
야 하나? 고민하다 다음 죽을 날을 정하고 다시 한 번 더 살자 생각
했지만 두 번째 죽는 날을 이젠 어찌 정할꼬? 김교신으로 인해 죽
을 날을 정하고 살았는데 이젠 누굴 빗댈 수도 없고, 그리하여 완전
수의 교합을 생각해 내신 것이 아닐까? 1부터 10 중에서 완전수는
1,3,9이니 이 셋을 이용하여 죽을 날을 생각해 보자하고 얼마나 많
이 계산을 해 봤을까 짐작이 간다. 완전수 1,3,9 조합수 중에서 작
은 수를 생각하니 139일. 그러나 더 완전하려면 139일 3번은 넘겨야
할 것 같았다고 본다. 그래서 139일을 세 번은 살아야 한다 생각하
니 139 곱하기 3에서 417일이 나온 것이리라. 1956년 4월 26일부터
417일 뒤, 1957년 6월 17일을 사망예정일 이튿날로 정하게 된다. 이
또한 기이하고 재미있다.

그러나 죽음은 마음대로 되지 않는 법! 417일이 지나고 죽음예정일 이튿날을 맞이하였으나 하루를 다시 넘기게 된다. 이제는 죽음을 트고나가 살기로 작정한 것 같다. 417 숫자를 들여다보니 4는 죽음의 수, 1은 영어로 나도 되지만 하늘과 땅을 잇고 꼿꼿이 서 있는 나도 된다. 7은 일어섬. 내가 죽음을 트고 땅을 딛고 일어나 서서 다시 살아갈 맘을 먹었나 보다. 이리하여 이날 다석은 다시 살아난 부활의 아침을 맞이하게 된다. 이젠 죽음이 아니라 사는 날! 주님과 함께 사는 부활의 날. 다시 살아난 것에 감격하면서 시량록을 썼다. 시량록은 부활의 사는 날을 살기 전 열흘간을 예수님이 무덤에 계신 사흘간의 시간을 보내신 것이 아닌가하고 가늠해 본다. 1957년 6월 17일에 7일간은 齊의 날, 3일간은 戒의 날로 지낸 후부터는 하느님과 땅과 다석이 하나가 되어 살았다고 보여진다.

1957년 6월 28일 이후는 더 이상 죽을 날을 계수하지 않았다. 살아온 날수와 율리안데이는 계속 적었고 그 외에 하루 이틀 사흘 나흘 1,2,3,4, 등 새로운 날들을 적어가기 시작했다. 1977년에는 톨스토이처럼 객사하려고 집을 떠났다가 사흘만에 돌아오기는 했지만 더 이상의 죽을 날을 기다리며 사는 세월은 아니었다. 1957년 6월 28일 이후 24년 8개월을 더 살다가 마침내 1981년 2월 3일 '아바디!"하고 마지막 숨을 내쉬고 하늘로 돌아갔다.

유영모의 신앙생활을 따라가 보면 15살에 김정식^{한국 YMCA 초대총무}의 인도로 서울 연동교회 교인이 되었고 20살에 평북 정주 오산학교 교장 이승훈의 초대로 오산학교 교사가 되었는데 이때부터 기독교를 전하기 시작했고, 이승훈을 교회로 인도하여 오산학교를 기독교 학교로 만들게 되었다. 유영모는 오산학교 재직 당시 톨스토이 영향을 받아 폭넓은 종교관을 지니게 되었다.

유영모와 주규식^{법원 속기사로 1960~1961년도 YMCA 연경반 강의를 받아쓴 분}이 나눈 대화 중에서 그의 신앙관을 들여다 볼 수 있다.

주규식이 유영모에게 물었다. "선생님께서는 모든 종교의 진리를 말씀하시는데 그 차이를 알고 싶습니다. 선생님께서는 어느 종교를 신앙하십니까?" 유영모가 대답하시길, "나는 여러 종교 간에 다른 것을 찾아낼 겨를이 없어요. 여러 종교 간에는 반드시 공통되는 점이 있어요. 그 공통점을 찾아내어 인식하고 생활화하는 게 나의 인생철학이지요. 어느 종교가 제일 좋은가라고 누가 묻기에 종교는 누구나 제가 믿는 종교가 제일이지요."라고 대답해 주었어요."

누구나 자기가 믿는 종교가 제일이라던 유영모는 성경을 파고 판 끝에 기독교에 몰입하게 된다. 1918년 1월13일²⁸세부터 태어나서부터 살아온 날 수를 셈하기 시작하고 1941년⁵¹세 2월 17일부터 마음의 전기轉機를 맞아 예수 정신을 신앙의 기조로 삼아 일일일식一日一食을 시작했다. 이튿날엔 종신토록 부부간의 성생활을 끊겠다는 뜻의 해혼解婚을 선언하고 잣나무 판자 위에서 잠자기 시작했다. 그 해 12월 5일 신앙생활의 기쁨을 시로 표현하였다.녹임의 기쁨 일일기온감 一日氣

溫感

1942년52세 1월 4일 십자가의 빛을 보는 신비체험을 한 후 [부르신지 38년만에 믿음에 들어감] 이란 시를 쓰고 이날을 중생일로 삼았다. 1월 4일의 체험이기에 요한복음 1장 4절그에게서 생명을 얻었으니, 그 생명은 사람의 빛이었다을 자신의 성경말씀으로 받아들였고 일생 빛을 따라 사는 삶을 살게 된다. 중생 체험하고 일 년후 1943년53세 새해 음력 초하루 북악마루에 올라 천지인天地人 합일合一의 경험을 했다.

이번 시집을 내면서 다석의 신앙발자취를 조금 따라가 봤다. 그는 참으로 하늘의 사람이고 우주 안에 있는 자신을 깊고 넓고 높게 깨달으면서 올곧게 삶의 지평을 넓혀간 분이다. 진달래를 읊을 때도 '지려고 피어나는 꽃'이라 했듯이 사람은 애당초 처음부터 죽으려고 태어난 것이라는 깨달음 속에서 그는 날마다 죽고 다시 태어나는 부활역사의 반복을 살았다고 본다.

어려서 죽음의 고비를 넘겼고 서른 살을 넘기지 못할 거라는 의사의 선고를 받았고, 또한 열 세 명의 형제들 중에 열 명의 동생들 죽음을 가까이 봤다. 죽음을 다반사로 만나는 생애 속에서 죽음에 대한 남다른 통찰을 가지고 살았다는 것을 다음 말로 알 수 있다.

"종교의 핵심은 죽음입니다. 죽는 연습이 철학이요, 죽음을 없이 하자는 것이 종교입니다. 죽음 연습은 영원한 얼생명을 기르기 위해서입니다, 사는 것이 사는 것이 아니요, 죽는 것이 죽는 것이 아니에요. 산다는 것은 육체를 먹고 정신이 사는 것입니다. 몸으로 죽는 연습은 올생명으로 사는 연습입니다."

오늘도 다석을 만나며 산다는 것은 나에게 크나큰 기쁨으로 밀려온다. 하나님의 운행하심 가운데 예수도 다석도 그리고 나도 함께 어우러져 생명의 춤을 추고 있다.

편집자 **가가 함인숙**

장로회신학대학원, San Francisco Theological Seminary
전, 생명의강 교회 담임목사
전, 씨알재단 씨알공동체운영위원장
전, 1923년 학살당한 재일한인추도모임 공동대표
공저: 『단지 말뿐입니까?』, 『태양이 그리워서』
『씨알 한달 명상집』
riveroflife@hanmail.net

내 속에서 떠 올린 글

다석 유영모 선생님을 처음 알게 된 것은, 2000년 가을 성천문화재단에서 발행하는 잡지 「진리의 벗이 되어」를 통해서이다. 마지막 페이지에 다석어록이 나오는데 다석의 말씀에 신선한 자극을 받고, 그 잡지를 정기 구독했다. 그 후 『다석일지』 등 다석 관련된 글을 찾아 읽게 되었다. 다석을 만나면 높은 산을 오르는 느낌이 들고, 어느새 탄성이 저절로 나오며 그의 글에 빠져든다. 2015년 봄, 씨알재단 사무실에서 열리는 다석 강독회에 참석하면서, 서로 생각을 나누는 귀한 시간을 누렸다.

이 시간을 통해서 내가 알아차린 것이 있다. 맛을 좇는 지식은 막힌 앎이라는 말씀이 따끔한 경종을 울려준다. 지금까지 얻은 온갖 지식과 정보를 내 속에 쌓아놓은 채 그 부요함에 취해있을 뿐, 그것을 밑거름 삼아 스스로 생각을 파고 파지 않았다는 자각을 하게 된 것이다.

이제는 내 속에서 퍼올린 말과 글로 살아내고 싶다.

이번에 가가, 평산과 함께 다석어록을 다듬는 작업에 참여한 것은 분명히 행운이다. 두 분에게 고마움을 전하고 싶다. 이 책을 통해 저마다 제소리를 내어 소통하기를 바라는 마음이 간절하다.

편집자 유유 **김종란**

성신여대 대학원(교육철학)
시인, 수필가, 영어강사, 씨알재단 회원
공저: 김종란의 시와 산문 English Interface,
『단지 말뿐입니까?』, 『태양이 그리워서』
refarm36@hanmail.net

티끌 하나에서 우주를 보라

대학생 시절에 함석헌 선생님을 통하여 다석 유영모가 함선생님의 스승임을 알게 되었다. 또 교회를 통하여 김흥호 선생님을 만나게 되었는데 다석이 또한 김흥호 선생님의 스승임을 알게 되었다. 함선생님은 잡지 「씨알의 소리」에서 다석을 소개하셨고 김선생님은 「사색」이라는 잡지를 통해 다석을 소개했다.

다석은 하루 한 끼만 드신다는 것과 날마다 살아온 날수를 계산하며 하루살이를 하신다는 소식이 인상적이었다. 김흥호선생님도 하루 한 끼만 드셨다. 그래서 나도 김흥호 선생님을 만난 지 10여 년만에 스승으로 모시고 36세부터 한 끼를 시작했다. 결국, 일생 동안 다석의 신앙을 배우게 되었다. 이렇게 다석은 나에게 운명처럼 다가왔다. 함선생님 출생일이 3월 13일로 다석과 같다고 했는데 나의 출생일도 3월 13일이라 어떤 인연이 느껴졌다. 세상에 별로 알려지지 않았던 다석이 널리 알려지게 된 것은 1990년대 중반에 박영호선생님이 국민일보에 다석을 알리는 글을 오랫동안 연재로 실었기 때문이다. 이때 박영호 선생님이 다석의 충실한 제자임을 알게 되었다. 그 밖에 성천 유달영 선생이나 도원 서영훈 선생도 다석의 제자임을 알게 되었다. 2017년에 타계하신 서영훈 선생님은 다석을 처음 만났을 때 소감으로 '이 분이야말로 참 사람이다' 하고 느꼈다 한다. 다석의 글을 볼 때마다 그분의 말씀이 생각난다. 그의 글을 통해서 일생 참을 찾아 참되게 사신 분이라고 느끼지 않을 수 없었기 때문이다.

참이란 무엇인가. 우선 거짓이 없는 것이요, 속임이 없는 것이다. 그래서 참 말을 하는 사람이 참 사람이다. 날마다 수만 마디의 말을 하며 살지만, 그 속에 거짓이 얼마나 많은가. 나도 모르게 튀어나오는 거짓과 속임이 얼마나 많은가. 입에서 튀어 나오는 말을 깨어 성찰해보면 거의 무의식적으로 수없는 거짓이 나오는 것을 알 수 있다. 그래서 참된 사람이 되려면 우선 자기를 속이지 말라고 했다. 다석은 자기를 속이지 않는 사람이었다. '속은 맘 가죽은 몸'이니 몸의 집착을 끊고 마음에 속지 말고 참의 빛으로 살자는 것이었다. 맘에 속지 않으려면 컴컴한 속을 빛으로 밝히라는 것이다. 밝은 속알이 되어야 한다는 것이다. 빛이 참이다. 방이 빛으로 가득 참을 얻으려면 창문이 뚫려야 하고 방은 텅 비워야 된다. 다석은 텅 빈 마음에 얼의 창이 뚫려 참 빛으로 가득한 밝은 속알이 되자고 하였다. 밝은 속알이 되기 위해서 날마다 참을 그리며 살았다.

참을 그리며 사는 삶을 하루살이라 하였다. 하루를 진실하게 살자는 것이요 그 방법으로 일좌식을 실천하였다. 저녁에 하루 한 끼를 먹고 밤에 일찍 자고 아침에 깨어 기도하고 낮에 정직하게 일하는 것이다. 진실의 가을에서 시작하여 밤의 겨울을 지나 아침의 봄과 정직의 여름을 살자는 것이다. 참의 열매가 진실이다. 진실은 거짓 없이 순수하고 깨끗한 것이다. 꾸밈도 없고 거짓도 없고 있는 그대로 천연이요 욕심도 없고 의도도 없고 그저 어린아이처럼 생명이 약동하는 무위자연의 모습이다. 이렇게 다석은 거짓 없이 깨끗하게 순수의 빛으로 사는 정직과 진실의 참사람이었다.

다석이 강연한 말씀을 글로 옮겨준 선생님들 덕분에 다석의 인격을 이렇게 조금이라도 짐작해 볼 수 있다는 것이 얼마나 감사한지 모른다. 말이나 글로써 그분의 뜻을 다 알 수는 없지만 그래도 참

사람의 말은 없어지지 않고 길이길이 우리 속에 새로운 획을 긋고 새 것을 일으킨다.

가가 함인숙과 유유 김종란의 수고 덕분에 이처럼 주옥같은 다석의 말씀들을 접할 수 있게 된 데 대하여 깊은 감사와 존경을 표한다. 비록 다석의 말씀을 편린으로 접할 수밖에 없다는 한계가 있지만 그래도 참사람의 말은 참말이 되어 그 울림이 어디서나 가득 차고 피어난다. 피 한 방울로 온몸의 상태를 알 수 있듯이 진실한 말씀 한마디를 통해서도 우주의 참 진리를 알 수 있는 게 아닐까. 티끌 하나 속에 온 우주가 들어있다는 이 진실을 깨닫는 기쁨이 모든 독자들에게 전해지길 바라는 두 분 편집자와 함께 한마음으로 기도한다.

감수 **평산 심중식**

서울대학교 공대
동광원 귀일연구소장,
고려사이버대학 기계제어공학과 출강
씨알재단 인문강좌 강사

3권

죽을 날 받아놓았다지?

1장•죽을 날
1955.4.26.~

죽을 날[1]

한 번 태어나 사는 이 세상에선
하루가 한 해처럼 느껴지는
하루 때문에 긴지도 모른다.

기도하고 기도해서
죽을 날을 받아놓았다.

그 날은 1956년 4월26일[2] [3]
지금부터 1년 후이다.

요한복음 12장 27절이 떠오른다.

---

1) 다석은 스스로 죽을 날을 받아놓고, 366일전, 365일전 등등 일기에 새로 계수했다.(1955.4.26. 화요. 맑. 366일전)

2) 1945년 4월 25일 김교신이 죽었는데 다석은 김교신이 죽은 다음에도 김교신이 난 날 (4월 18일)과 죽은 날 (4월 25일)이 되면 늘 김교신을 추모하였다. 김교신이 죽은 지 10년이 되는 날인 1955년 4월25일 지난 다음날인 1955년 4월 26일부터는 날마다 죽는 날로 정하고 1956년 4월 26일에는 자신의 죽음을 완성하기로 결심했다. 사망예정일(1956.4.26.)까지 다석의 산 날수와 이승훈이 산 날수가 24,151일로 일치하는 것을 발견하고 기이하게 여기며, 다석은 김교신, 유영모, 이승훈의 일생을 태어난 날, 죽은 날, 나이, 산 날수를 수첩에 기록해 두었다.(다석 1주기 추도일인 1982년 2월3일 구기동 다석의 자택에 모여 다석 유영모 스승님 추모담을 나누었다. 다석일지(영인본)상, 부록 8-9쪽, 다석일지 4권 59쪽 참조) 산 날수를 기록해 둔 수첩은 다석일지 4권 59쪽에 있다.

3) 예배 후에 류영모 선생으로부터 건양사(社) 정세권 씨의 감자(마령조/馬鈴薯) 재배와 양식 문제 해결책에 관한 소개가 있었다. 우리의 태도를 선찰(善察)하시면서도 누구이 시끄러워하리만큼 기회 있는 대로 빵 문제를 제안하시는 그 신념과 성의와 근기(根氣)에는 경복(敬腹)하지 아니할 수 없는 바이다. 이어 명철하고 치밀한 사상으로써 많은 교훈을 주시다.
(『김교신전집5』, 노평구 엮음, 1934.1.4. 일기 일부, 157쪽, 부키, 2002)

"지금 내 마음이 괴로우니, 무슨 말을 하여야 할까?
아버지, 이 시간을 벗어나게 하여 주십시오."
하고 말할까?

아니다.
나는 바로 이 일 때문에 이 때에 왔다.

죽을 날 받아 놓았다지?

"다석은 죽을 날 받아 놓았다지?"
수근거림이 된다 한다.

내 속 소리가 들린다.
'누구는 그 날을 안 받아 두었나?'

사흘 남은 오늘

하늘로부터 받아놓은 글월에는
나의 죽을 날이 적혀있다.

1956년 4월 26일.[4)]

죽을 날 그리워함이 깊어 가는데
이제 글피로 다가왔다.

모름에 들어간다.

우리는 어제. 그제. 먼 그그제로부터 오니
오늘은 언제부터 인가?

그글피, 글피, 모레, 낼.
오늘은 언제부터 인가?

어제, 그제, 그그제로부터 이제로 오니
이제 가고오는 오늘 하루도
위로 나가기만 한다

―――――――

4) 다석은 1956년 4월 26일로 스스로 죽는 날을 받아놓았다. 4월 23일은 죽을 예정일 3
일 전에 쓴 일기이다. 그런데 유영모는 23일 일기에 2일 전이라고 썼다. 4월 24일은
1일 전이라고 썼고, 25일은 0일, 26일은 때문 앞, 27일은 하루 뒤, 28일은 이틀 뒤
… 417일 뒤까지 써내려갔다.(1956.4.23. 월요. 비.바람.맑. 2일전)

죽기로 작정한 날5)

오늘은 온 오늘이고 올 오늘이라고
하늘의 사람 예수는 말하오

참으로 충만한 하루는 멀리 참 하루의 오-늘!
내일도 말고 모레도 말고 글피도 말라.

더 이상 살 날도 필요 없고 밭 갈아야 할 것도 없고
말도 그만하고 위로 나갈 일만 남았다.

있다가 떠나니 짐 쌀 걱정이 없을 것 아니지만
떠나게 되면 아무 짓도 없이 아주 떠나는 길이니
시원함!
참 시원하겠나이다.

---

5) 같은 날 여러 편을 쓰셨을 때는 편집자 임의로 날짜 옆에 (1), (2), (3) 으로 번호를 매
겼다.(1956.4.26. 목. 흐림. (1))

코로 숨쉬는 사랑이여

말씀 밝혀 말씀 세우며
쉽사리 말씀 이루도록 살어지이다.

　　그리해도, 괜찮다
　　밥은? 어쩌나
　　난, 됐다

따위 말이 없어지게 되고

　　참말로 맘 곧게 먹고
　　되어진 일에 힘쓰고
　　모든 일 고마운 맘 갖게 하옵소서.

얼 기운의 환한 빛으로 이 씨알 속에 펼쳐
참으로 계시옵소서

오늘 들어와서 이제까지

17시간 깨어 기다리게 하신 것을 감사하며

남은 7시간6)도 우러르는 맘만 갖게 하옵소서. 아멘.

---

6) 하루에 한 끼만 드시고 사셨는데 죽을 순간을 기다리다 저녁밥을 잊고 하루종일 기
   다렸다. 그는 언제나 한끼를 먹었다. 잡곡밥 한 그릇, 두부를 넣은 김치찌개, 고기
   는 일 년에 한두 근 정도, 그리고 감자, 고구마, 채소, 과일 등을 좋아했다. 잠은 언
   제나 나무 판대기 위에 담요 한 장을 깔고 목침을 베고, 겨울에는 담요 두 장을 덮
   고 혼자 잤다. 잠자는 시간은 네 시간, 코를 골면서 깊이 잤다. 꿈꾸는 일은 거의 없
   고, 잠이 들면 칼로 찔러도 모를 정도로 숙면을 했다. 그리고 한 주일 한두 번 나가
   는 종로 YMCA까지 그는 20리 길을 언제나 걸어 다녔다. 유영모는 지각이라곤 한
   일이 없다. 시계 같은 사람이었다. 15일 금식기도 한 후에 몸이 많이 쇠약해졌어도
   걸어 나왔다. 사모님이 염려하여 따라왔지만, 그래도 무사히 걸어서 돌아갔다. 그는
   한때 개성을 당일에 걸어갔다 온 일이 있다. 그리고 인천 율목교회에도 설교하러 걸
   어갔다 걸어왔다. 그 다음날 학생들과 같이 백운대에 올라갔을 때도 언제나 앞장서
   서 팔팔 날아갔다. 우리는 유영모의 몸을 영체(靈體)라고 하기보다 기체(氣體)라고
   했다. 어디서 나오는 힘인지는 모르나 생명력으로 꽉 차 있었다. 예수님께서 부어
   주신 힘임에 틀림없다. (『다석 유영모의 십자가 영성』, 김흥호)

죽을 날짜를 트고 나가다

씨앗이 틀을 트고[7] 땅을 들고 나와 세상을 만난다.
새로운 하루의 시작.

오늘 하루 1956년 4월 26일 목요일 흐리다 맑았다.
음력으로는 병신년 흑돼지해 3월16일.
율리우스력으로는 2435590일[8]
하나님 나라[9] 들어갈 생각에 먹음도 잊고 하루를 보내드렸다.

하루 한 끼 먹는 저녁도 잊고 기다리다 금식이 되었다.
죽음의 틀을 트고 죽기로 작정하는 두 번째 날을 정하였다.
죽음의 이튿날은 1957년 6월 17일 월요일!

---

7) 느드트,,느믄 드믄 트믄 씨를 땅 속에 놓으면 씨가 땅을 들어올려 드믄이 되고 종당
은 땅 밖으로 나오게 된다. 트믄이다. 사람은 땅에 떨어진 씨알이다…진리를 깨닫
고 싹이 트고 땅을 들고 이 세상을 벗어나는 것이 인생이다. (다석일지공부, 김흥호
전집 1, 솔,494쪽)

8) 율리우스일(J.D., JD)은 율리우스력의 기원전 4713년 1월 1일 월요일 정오(세계표준
시 기준)를 기점으로 계산한 날짜 수. 율리우스 통일(通日) 또는 율리우스 적일(積
日)이라고도 한다. 율리우스일은 1582년에 로마에서 스칼리게르(Joseph Justus Scal-
iger)가 고안하였다. 고레고리력 개시 시기에 율리우스력과 고레고리력 사이의 날
짜 변환을 용이하게 하기 위한 것이었다. 이후, 천문학자 존 허쉘(John Herschel)이
1849년 저서 Outlines of Astronomy에서 날짜 계산에 율리우스일을 사용할 것을 제
안했고, 이것이 널리 퍼져 많은 천문학자들이 날짜 계산에 율리우스일을 사용하게
되었다.(위키백과) 다석은 1956.4.26.일부터 율리우스력으로 계산한 하루하루를 일
기에 기록하기 시작하셨다.

9) 요한복음12:25 누구든지 자기 목숨을 마워하는 사람은 목숨을 보존하며 영원히 살게
될 것이다.

하나 셈 아홉은 139, 여기에 완전수 삼을 곱하니 417.[10]
지금부터 417일 뒤가 죽음의 이튿날
하나는 하나님, 셈은 셋, 아홉은 온전히 이루는 완전수,
여기에 곱하기 셋을 하니 417.

4는 죽음의 수, 1은 나, 7은 일어남
이제부터 매일 깨어나면 죽고 죽고 죽는 연습하다가
417일째 되는 날 나는 죽음을 트고 일어나
하나님 앞에 서리라.

1957년 6월 17일
음력으로 5월 20일
그날을 기다리며 이 틀을 트고 나간다.

---

10) 4월24일 1956년 들어와 두 번째 꿈을 꾸다. 꿈에 '417'이란 숫자를 봤다. 아침이 꿈
   에서 깨어 생각해 보니 아홉곱은 아니고 139와 3인 소인수만으로 알다. 이 417이란
   숫자는 두 번째 사망일 이튿날을 정할 때 사용하게 되다.

죽을 날을 하루 넘기고

내가 아침을 잊은 지 열다섯 해
저녁 잊으려는 죽을 하루[11] 놓치니

48시간만에
죽을 이 저녁에 다시 먹는 것이란 말입니다.

---

11) 1918년1월13일부터 산 날수 계산하며 사셨다. 오늘은 '오! 늘'로 매일 감탄하며 시작
하는 새 날이고 늘 하느님 계신 우로 오르는 할우, 하루이다.

함께 하심으로

맨 처음부터 말씀이 계셨고
온 세상 끝까지 함께 하심으로
오고 올 양식으로 생각을 사름이니라12)

물질 세상은 가운데 있고
정신세계는 위로 향한다
이 모두가 함께 있도다

---

12) 생각하는 곳에 신이 있다는 말은 생각함으로써 신을 만나고 신에게로 나가는 것
을 뜻한다. 신을 생각하고 신을 만나고 신에게로 나간다는 것은 자기를 초월하
여 새로운 존재와 삶의 차원으로 나가는 것이다. 그런 의미에서 생각은 존재의
끝을 불사르고 솟아오르며 새로운 정신과 삶에로 들어가는 일이다.(『다석 유영
모의 천지인 명상』, 박재순 함인숙 지음, 기독교서회, 66쪽)

올 해 1955년

올 해는 나를 스스로 기념하는 해[13]
나 불살라 죽기로 작정한 날을 정한 해

실 사絲와 자기 기己가 만난 기紀
기紀는 실같이 긴 역사를 가진 나를 생각하는 것

제 금今과 마음 심心이 만난 것이 념念
념念은 이제 여기서 생각한다는 것

그리하여 기념紀念이란
이제 나를 여기서 생각하는 것이다

무엇을 기념할 것인가?
'잘', '있', '다'를 결합시킨 여섯 가지
잘있다, 잘다있
있잘다, 있다잘
다잘있, 다있잘

만물에는 선이 있고 모든 생명은 선을 계승해 간다
선은 세분되어 있고 더 잘 되기를 기원하고 있다
다 잘 되기를 바라지만 다 잊어버리기를 바란다

---

13) 1955년은 다석에게 뜻깊은 해이기에 특별히 자신을 기념하는 해라는 의미를 담아
   대자기념년(大自紀念年)이라고 했다. 김흥호는 '나를 불살라 없애는 해, 하느님의
   빛이 가득 차는 해', '紀念은 내가 하느님을 생각하는 것'이라고 풀이했다(김흥호전
   집. 다석일지공부1, 51쪽, 솔)

모든 것이 왔다가 모든 것이 간다
씨앗으로 왔다가 씨앗이 되어 간다

나도 왔다가 지나가지만
나는 언제까지나 나나지 나다

진명학교 교장 이세정

진명학교에서 교장으로 30년 근속하신
이세정[14] 형 회갑연에 다녀오다
형의 아들 태섭 군의 부탁으로 오늘 느낌을 몇 줄 써 내다
태섭 군은 도장 파는 일에 조예가 있는 것 같다.
그는 위창 오세창[15]으로부터 철농이라는 호를 받았다 한다,

삼계서 태어나 자라면서 일찍이 글방에서 글 읽으셨다
이운 선사 따라다니던 게 어제 같건만
1955년 올해 회갑 맞으니 천왕성 주기[16] 길이 오래오래 사십시오

듣자하니 학창시절 몹시 가난하였지만
끼니 건넬망정 하루 할 일만은 꼭꼭 하셨고
개근상 항상 탔고 배고픔 잊고 열심을 내신 분

매사 성의 있으시고 힘이 넘치셨습니다
밤을 낮 삼아 학교 살림 꾸려가셨으니
진명학교 키운 이는 바로 일해이십니다
밝게 전진해 가시는 진명의 일해一海 이세정 형兄!

---

14) 다석보다 5살 아래. 그의 헌신적인 교육은 서울 시민들에게까지 널리 알려짐. 류영
   모는 딸을 진명여학교에 보낸 인연도 있다. 사회장(社會葬)으로 안장. 국민훈장 무
   궁화장을 수여했다.(아주경제신문 2019. 12.16)

15) 위창 오세창:1907년 대한협회 부회장, 1919년 33인의 민족대표로 기미독립선언서
   서명, 1962년 건국훈장 대통령장을 수여했다.(다음 백과사전)

16) 지구의 태양공전 주기는 365일, 천왕성의 태양공전 주기는 84년. 天王篹는 천왕성
   의 주기 같이 길게 살라는 의미로 유추해 본다.

끝만 따고 간다

꽃은 끝17)이다.
아름다움은 끝이다.
해마다 봄이면
아름다움 알리려다가 끝만 따고 간다.

꽃은 말을 못해 그런가 하고
말하는 꽃이 있었으면 하니
말하는 꽃이 있다한다.

얼굴이 아름답고
말도 꽃다운 이를 만나 보아요
꽃이라 끝만 따다간 얼굴은 시들고
또 꽃 닮은 말씀은
참 말씀을 못 일으키는 듯하다.

그러고 보니 이 땅 위에선
찾지 말라는 말씀만 같다.

---

17) '마지막을 거룩하게 끝내야 끝이 힘을 준다', '생명의 찰라 끝에 생명의 꽃이 핀다,
   마지막 숨 끝 그것이 꽃이다', '마지막을 아름답게 끝내는 것이다. 그러기 위해서는
   마지막을 기다릴 것이 아니라 순간순간이 마지막 끝을 내어야 한다, 그렇게 때문에
   언제나 끝이 꽃이다. 인생의 끝은 죽음인데 죽음이 끝이요 꽃이다. 죽음이야말로 엄
   숙하고 거룩한 것이다'.(박영호[진리의 사람 다석 유영모]하, 353~369)

전사자 잼 맥코니 편지

내일명일은 미국 남북전쟁 이후 매년 치루는 전사자 추도일.
5월30일 전사자 잼 맥코니 집에서는
그 아내와 두 딸은 다른 날보다 일찍 일어나
새 옷 입고 국기 달고
어머니는 편지 한 장을 꺼내서 두 딸에게 읽어준다고 한다.

그 편지 부친 날은 1950년 9월20일자.
부친 곳은 한국 왜관.[18]
편지 내용은 다음과 같다.
이 편지는 그 용사가 남긴 마지막 글이었다고 한다.

"나도 집에서 너희 두 딸과 너희 어머니와
같이 있고 싶은 것은 말할 것도 없으나
이 세상에는 악한 이가 있어서
옳게 사는 이를 못살게 하는 일이 있는데
그런 것은 싸워서라도 물리치는 것이 옳다고
아버지는 생각하므로
이 열 해 동안에 나는 두 번 전쟁에 나온 것이다.

---

18) 현재는 경상북도 칠곡군 왜관읍에 위치한 지명. 왜관읍은 6.25 전쟁 중 왜관에 있
는 당시의 왜관 철교를 폭파시켜 낙동강 전선 유지에 많은 역할을 한 지역으로 유명
하다. 그런 이유 때문에 왜관철교는 "호국의 다리"로도 불린다. 종전 이후 왜관이라
는 명칭의 의미 때문에 지명을 변경하는 노력이 몇 번 있었지만 이런 역사적 상징성
때문에 현재까지도 왜관읍의 명칭은 유지되어 오고 있다. 또한 이 왜관에는 베네딕
토 수도원과 분도출판사 본사가 있다.

너희도 이담에 자라서라도
너희 양심에 옳은 줄로 생각하는 것을 위해서는
싸워서라도 옳은 것을 세워야 한다.

그런데 싸우다가 몸을 다치기도 하는 것이며
죽기까지 하여야 하늘로 가기까지도 하는 것이니라.
아버지도 지금 이 쓰는 편지가 너희에게
마지막하는 편지가 될지 모르는 일이다.

이러나저러나 너희 어머니하고 어머니 말씀 잘 듣고
잘 자라서 좋은 사람들 되기를 바란다"

척하고 사는 세상은 아닐 터

어제 복숭아 종이주머니 할 것이라고
신문지를 가지런히 놓아가지고
칼로 자르는 일을 좀 하는 척하여 보다.

제대로 못하는 일 하니
척만 한 것 같다.

오늘도 또 척한다

오늘도 또 척한다.
일하는 척하고 사는 세상은
오히려 괜찮을 지도 모르지만
사는 척하고 살 세상은 아닐 터인데?

무엇이 걱정이냐?

남이 나 몰라주는 것 걱정 아니고
내가 그 사람 알지 못함이 걱정이다.

내 자리 없는 것 걱정 아니고
가지고 쓸 것이 걱정이다.

앎 없는 것 걱정 아니고
아는 만큼이라도 찾아먹어야 한다.

남이 나 몰라주는 것 걱정 아니고
내가 못하는 것이 걱정이다.

그이 못하는 것 보면 탈이 나고
남이 저 몰라주는 것은 탓 안 한다.

그이 생전, 이렇다 할 이름 없는 것을
몹시 괴로워하더라.

큰 사람은 자신에게서 문제를 찾고
조무래기들은 남만 바라본다.

괜찮다는 말

모든 관계는 인연으로 되어가는 데서
사람의 입에서 괜찮다는 말을
어찌 그리 쉽게 낼 수 있을까?

참 말씀 모르면서도 괜찮다는 소리는
말씀이 안 된다.
남을 참으로 공경함으로 괜찮단 말씀은 좋고
실낱같은 희망이라도 붙여서
믿음 돋우느라고 하는 괜찮단 말씀은
써도 괜찮을 것이다.

제가 질 짐 다 지고 죽을 때
죽어도 좋다는 뜻으로
괜찮다는 말씀은 참 말씀이다.

오늘부터 9시 출근

오늘부터 9시 출근
청년회 사무실에서 오전 근무를 할 수 있는 만큼 한다 하였다.

명칭은 기독교청년회관 재건협찬회라고 하고
직책은 사무좌라 하였다.

내 맘 같아서는

기독교청년회관 재건
대한민국 재건
우주 재건까지라도

협찬, 대협찬.
이루어지이다.
바로바로 이뤄지이다.

어찌 그럴 수가!

어디나 언제나 있을 나예요.
나는 나를 태초부터 '있다 없을 것'이라곤
아니 봐요. 그렇게는 안 알아요.

내 몸을 나라고, 내 입을 나라곤 안 알아요.
더구나 입맛에 끌려다니는 놈을 나라곤 안 보아요.
아래 입은 더욱 내 아랑곳 안 해요.

없이 계신 하늘님이 시키신 대로만 사는 나예요.
없이 계신 하늘님만이 나의 아버지이시지요.

아버지가 있이 살라시니 있에 살고요
아버지가 없이 살라시니 없에 산다오.

언니는 '있다 없을 것'을
자기로 알고 살고 있다 하시니

'없이 계신 하늘님'은
아랑곳없단 말씀이지요?

아이구~~~
어떻게 그럴 수가 있을까?

치통 다스리기

한 3년전부터 이가 아래 왼쪽 어금니 하나도 거의 부러지고
마치 송곳니 비슷한 것이 남고
웃니는 11개 남아있다.

지난 밤에 왼쪽 어금니가 몹시 아팠다.
누어있을 수 없어서 일어났고
일어나서도 손으로 볼을 부둥켜 쥐고 참기가 어려워하다가

꼿꼿이 앉아서 아침마다 하는 몸잡이[19]를 하되
손가락으로 귀 뒷머리 밑 튀기기를 여러 열 번 하고
귓바퀴 위 아래로 문지르기를 많이 하는 가운데
견디기가 좀 나아졌기에 온몸잡이를 다하고

그 다음에는 '높이높이' 솟나며 기도로 올려드렸더니
가라앉아서 다시 누워 잠을 잤다

---

19) 다석은 20대 전부터 날마다 3시쯤 일어나 피 돌기와 몸 푸는데 도움이 되는 냉수마
찰, 배숨쉬기, 맨손체조를 한 두시간씩 하셨다.(박재순 『다석 유영모』 106쪽, 현암
사, 2008년)

있다 가는 이

있다가 더 좋은 것을 보자는 것은
우리의 바탈이며 속알이다.
더 좋은 것은 맘으로 볼 것이며
육신의 눈으로가 아니다.

눈으로 보아 좋다는 것은
거의 한 때 어리석은 것이니
더 좋은 걸 볼 거라는 건 어림없는 소리.

있다가는 사람은 누구인가? 나?
아니! 좋은 것 보기도 전에 다 죽는다.
있다간 이는 보는 눈이 없고
있다간 이는 얼굴도 못 볼 것이다.

육신의 눈으로만 보다가는
그냥 있다간 이들이 되나니
있다가 있다가는 볼 수 없을 뿐이다.

없는 듯 살다 가는 이가
남은 시간도 있다 가는 이 되나?
나는?

나의 사랑스런 책이여!

어제 이야기를 적는다. 서울에 갔다가 오후2시쯤 돌아왔다.
신발끈을 풀고 마루로 올라서는데
어디서 지붕 무너지는 소리가 난다.

아랫채 무너진 옆에서 또 무엇이 떨어졌나 하고 둘러보려 하는데
바로 안방 천장 반자가 찢어지고 흙이 쏟아진 것이다.
뜻밖에 4.7kg의 돌이 떨어져서
상 위에 놓았던 서전책[20] 표지가 얻어맞았다.
책은 너덜너덜 얼거뱅이가 되었다.
다시 방바닥을 뚫었던 돌을 보았다.
대체 기와 밑 석가래 위에 그런 큰 돌이
어찌하여 들어가 있었을까?

이야기는 서전책 때문이니 이 책이야말로 나의 인생길에서
상서에 교섭하게 한 오직 하나의 존재물이다.
그 책이 경성제면소[21] 박백산 손때를 거쳐오다가
당소에서 화재에 책의가 소각되었다.

---

20) 오서오경 중 오경은 『시경(詩經)』, 『서경(書經)』, 『주역(周易)』, 『예기(禮記)』, 『춘추
(春秋)』. 그중 『상서』는 상고시대로부터 현대에 이르기까지 동아시아 총체적 문화의
원류로서, 제반 학문의 기초를 이루고 있다. 주희의 명으로 채침이 『서집전』을 완성
하였다.(오서오경독본 서경집전,중,출판사 서평 중에서)

21) 1928년 이전에는 아버지 류명근의 경성피혁 상점의 일을 도왔는데, 이후로는 아버
지가 차려준 솜 공장인 경성제면소를 경영하기 시작했다.(매일종교신문 「동서사상
을 아우른 '창조적 생명철학·종교·사상가' 다석 류영모」, 2016.3.30)

금분으로 모양낸 위, 앞, 아래, 세 부분은

새까맣게 칠한 것같이 곱게 되고
불 끄는 물을 받은 흔적은
책을 펼 때 그 책 앞에 빛살을 뻗쳐준다.

이 책은 6.25 전쟁 중에는 축축한 지하에 내려가서 있었으나
조금도 썩음을 안 보고 나왔으며
이 책을 통하여 피난 갔다 온 나에게 보배로운 가르침을 주었는데
하느님께서 주실 것이 있어서라는 생각이 내 마음 속에 들었었다.

이번에는 이 책이 내 기거하는 자리에 있다가
나의 미간 앞에 떨어지는 돌을 자기가 받고
나는 옆에 떨어지는 그 소리를 들었노라.

아, 나의 사랑스런 책이여!
나의 정신도 살려주었고 내 몸도 살려준 나의 상서!

모름부터 마침까지

몰라서 말아버리는 일이
얼마나 많은가?

알고 보면 그만 둘 것이 많다.
알고 그만 두고, 알고 그만 두고…

알고 그만 둘 것을
그만 둘 줄 모르는 이는
매사 모르고 만다.

알고 말고, 알아서 말고
말고 말고, 말고 말고…

모든 걸 말고
마침에 들어서는 게
이 길의 한 토막인가 합니다.

진리대로 산 사람

문으로 드나든다는 것은 진리대로 산다는 뜻[22]
예수보다 먼저 온 사람이란 진리대로 산[23] 사람

밖에는 도적과 강도가 있다고 하는데
시대적으로 먼저나 뒤가 아니고
진리의 문 밖으로 다니는 이는 도적이란 말씀

진리대로 산 이
그는 예수

---

[22] "내가 진정으로 진정으로 너희에게 말한다. 양 우리에 들어갈 때에, 문으로 들어가지 아니 하고 다른 데로 넘어 들어가는 사람은 도둑이요 강도이다.(요한복음10:1)

[23] 산다는 것은 "때와 곳을 옮기면서 곧 내 생명을 변증하면서 일을 하는 것"이며, '일'을 통해서 "나와 남과 물건 세 편이 연결하는 가운데 생명이 소통하면서 진리를 나타내며 광명이 따른다." 그리고 '일'에는 높고 낮음, 귀하고 천함이 없다면서 다석은 오늘 내가 맡은 일이 귀하고 거룩하고 신성하다고 하였다.(박재순 『다석 유영모』 100-101쪽, 현암사, 2008년)

마중과 배웅

그리운 님 따라 올라감이 옳고
올 님이거나 와야할 님
그리움만으로 그립기만 하는 건 그렇다

나 나오고 보니
그 님이 벌써 오셨겠음이오

나 있으니
그 님이 머무르심이겠음이오

나 가는 때는
그 님이 올라가셨음이다.

죽을 뻔한 목숨이 산 것

재미 김이란 가족 4인이
새로 장만한 자동차를 타다가 전복되었는데
사람은 조금도 다치지 않았다는
불행 중 다행이라는 이야기를 들었다.
몇 해전 재일동포 김이란 가족 4인이 자동차 전복으로
모두 목숨을 잃었다는 이야기가 기억난다.

불행 중 다행이라는 이야기에 이어
자동차는 보험으로 새로 산 것이었고
물질 손해도 안 본다는 이야기가 나온다.
손해라고는 자동차회사가 볼 것이라고 한다.

유익하고 감사하다면 죽을 뻔한 목숨이 산 것일 뿐이다.
그러면 그 이야기를 듣는 사람도 유익한 거다.
그렇게만 생각한다면 자동차회사도 유익할 것이고
자동차 제작연구에도 자료가 되어 매우 도움이 될 것이다.

그러나 '불행 중 다행이었다'
또는 '물질적으로 손해 안 봤다'
또는 '손해 봤다면 회사가 보았지'라고
'물질' 중심으로만 돌아가는 건
무척 단순하고 안일한 생각이다.

그런 생각으로 움직이는 동안은

진정 삶의 참 뜻을 모르는 것이라 하겠다.

죽을 뻔한 목숨이 살았다는 감회가 얼마나 아찔한가!
온 가족이 몰살한 경우도 있는데!

물질적인 손해 안 봤다는 안도감보다
생명의 소중함을 절실히 알아차렸으면….

바로 잡으면

예부터 내려온 말씀을 가지고
이제 가진 것을 바로 잡으면

옛 비롯을 알 수 있으니
이런 것을 말 잘 들은 거라 할 것이니라.

탈의 빌미여!

세상 나들이 올 때 우리는 빈탕으로 온다.
빈탕은 속인데 보통은 물질이 들어찬다.

차면 겨울같은 춥고 험난한 세월을 지나갈 수 있다.
속에 가득찬 세상 근심 걱정이 풀려가면 성히 있게 된다.
하늘이 온전히 있는 듯 생각한다.

세상에는 빈 속이 있다.
빈 속에 물질로 채우고는 성하다 한다.

먹은 게 삭는 동안 성하게 산다는 것이다.
먹기를 거듭하는 날 가운데 속 허물을 지어가니
그 때는 그 속이 쓰리기 시작한다.

속 쓰리면 뭘 먹어야 낫는다고 해서
또 먹지만 그 처방은 틀렸다.

이것은 크게 잘못 안 것으로,
거듭, 다시, 더, 더, 잘못 믿어왔고,
그대로 또 잘못 믿고 가니
사람이란 것이 마침내 성할 것인가?

오, 탈의 빌미여!
이것이 하늘의 한숨이로다.
큰 빈탕에도 큰 쓰림이 있느니라

하늘이나 사람이나 탈나면 곧음을 지켜야만 곧아진다.
속 쓰린 것이 낫도록 먹기를 끊는 게 곧이 곧음이다.
속 헐은 것이 낫도록 지켜야 아주 성하게 낫는다.

수수께끼

깎을수록 커지는 것은?
구멍
이것이 수수께끼지.

자랄수록 쭈그러드는 것은 뭐냐?
이것도 수수께끼지!

목숨?
이것도 수수께끼야.

그럼 목숨은 빈탕인가?
응!
빈탕이 목숨이야.

빈탕이 참 목숨인 것을 모르면
수수께끼도 풀 수 없고
목숨도 살 수 없고
말씀도 할 수 없고
들을 수도 없어.

이제를 가질 수 없는 사랑아

온 해는 지난 밤 사이 가버린 해
오는 해에 산다는 말을 누가 차마 하겠느냐?
오늘에 사는 사람만 하라!

내가 난 해도 올 해와 같은 한 해
내가 난 달도 이 달과 같은 한 달
내가 난 날도 오늘과 같은 하루

나 죽는 해도 올 해와 같은 한 해
나 죽는 달도 이 달과 같은 한 달
나 죽는 날도 오늘과 같은 하루

나 비로소 난 때도 이제와 같은 한 때
나 숨지는 때도 이제와 같은 이제려니,
이제를 가질 수 없는 사람아
이 산 말씀에 더불어 산다고 할 수 있으랴?

새로 나와 이제 마침 지는 목숨아!
너 아담아 어디 있느냐?
이제입니다.

여기
이제입니다. 아멘.

없어져야 믿게 된다

믿으면 내가 없어진다고 말하지 말라
내가 없어지고 없어져야 비로소 믿게 된다.

믿어서 내가 없어지는 것과
내가 없어져 믿는 것이 비슷해 보이지만
서로 아주 다르다.

믿음은 자꾸 빚어나가야 합니다
믿음은 내가 없어지고
내 안에 빛과 힘이 자라나는 겁니다

믿음은 빛이요 힘이다.
빛과 힘은 생명이다.

왜 오오?[24)

내 님의 이름 「예수」
「이만 위로」 올라가리라.
우리는 참, 우린 참으로 참참참

갈 데 없어 이 세상에 온 것일까?
왜 오오? 여기에

예수의 '예'자는
'이어이에'와 꼭 같은 소리

예수의 '수'는
아버지가 손수 내리신 능력

아버지는 너무도 능한 수가 있으시어
아들 내어, 아들이 구원하는 힘 있으셨다.

예수여,
님이여,

---

24) 다석은 자신의 죽음 일(1956년 4월 26일), 121일 전에 '예수'라는 시를 썼다. 예수 이
름의 '예'는 '여기'라는 뜻이고, '수'는 능력을 뜻한다고 풀이하였다. 또한 다석은 '예'
를 '이어이에'라고 하였다. 이 말은 '이어이어 계속해서 여기에' 라는 뜻이다. '수'는
아버지께서 아들을 내신 능력을 뜻한다고 풀이하였다. 이어이어 여기에 능력이 있
다고 말하였다. 사람이 이 세상에 오는 것은 갈 곳이 없어서 오는 것이 아니라 이유
가 있다는 것이다. 참 진리이신 하느님을 찾기 위해 왔다. 이제 세상일 그만하고 아
버지 계신 위로 가야 한다.(다석학회엮음 『다석강의』 15, 176, 837, 914쪽 참조, 현
암사).

이어이어 어이 여기 예!
우리 님의 이름 이룸이여

다 이루었다고 하신 우리 님과 함께
우리도 이만 위로 올라가리라.

참으로 딱한 것이

참으로 딱한 것이
바로 나, 나다.

하는 수 없이 사는 사람이건만
나는 꽤나 잘났거니 한다.

그리 사는 사람이
바로 나다.

갈 데 없어 여기 왔건만
너 때문에 예 왔다고 말하는
버릇없는 것이 바로 나다.

참 딱하다

빛난 새해 하루

하나 아홉 1956년의 19
오륙 1956년의 56
하여 1956년 밝았다.

오르고 오릅시다
한 달음에 다시 한 해 오릅시다.

하루는 오! 늘
빛난 새해 하루

빛고을 광주에서
맞이하게 하심 고맙습니다.

새해 첫 하루
참! 잘! 참! 곱씹어
먹었음이온가 하옵나이다

높이 깊이 알아야

사람마다 뭇 사람을 높이 깊이 알아야
한 분이신 하느님께로 커 간다.

나 내게 온 날은 밤새 간 날
내일의 나는 어제의 나
그 둘은 같은 하나

산소는 불을 부리고 수소는 불을 뿜는다.[25]
말씀은 불을 놓고
얼의 기운은 불길이 된다.

하느님은 불순한 것을 소멸하시는
거룩하신 불이다.

---

25) 다석은 숨을 산화작용으로, 생명의 불꽃을 일으키는 풀무질로 본다. 숨 쉬고 생명
    의 불꽃을 피움으로써 "미래와 과거의 영원에 접촉하고 있음을 느낀다." 숨과 생명
    은 거룩한 영과 통하고, 영원과 닿아 있다. 따라서 기(氣)가 뚫린 사람은 이미 하느
    님에게서 큰 목숨을 받은 것이고 신앙을 가진 사람이다.(박재순 [다석 유영모] 207-
    208쪽, 현암사, 2008년)

벌써 벌써 돌아왔을 게다

몸의 고디 곧음이여
몸의 정함을 유지하는 네 가슴을 보라
가서 서 봐라

앞서 나가 살고 돌아온 묵은 피와
밤낮없이 불 사뤄 새 피를 내는 허파 앞에!
새 피를 받아 온 몸에 돌리는 「심장」
제사 맡은 이가 있는 가슴에
너는 나가 설 것이다.

다음은 허리,
새 피가 깊은 허리 기둥 뼈 안쪽으로 가고
굳게 달린 콩팥으로 가서는 알짬 샘 둘로 되어
잠긴 동산 덮은 우물들 간직하도다.

또 그 우물가에서는 알짬 샘물이 구름 피우듯이
온 몸 위로 떠오르도다.[26]

우리 얼은
그 떠오른 구름으로 하여 살찌는 것이로다.
풍성해진 얼은
다시 거룩한 생각의 구름을 피어오리로다.

---

26) 아가서 4:12 나의 누이 나의 신부는 문 잠긴 동산, 덮어놓은 우물, 막아버린 샘

할렐루야!

그것은 곧 하느님께로 올라가는 기름이오 빛.
참 목숨을 기리는 빛, 빛난 기름이로다.
참 받으실만한 몸을 드림이로다.[27]

그런즉 맘의 밝은 속알아
네 열린 무덤같은 목구멍으로 네 다림터같은 밥통으로
시도때도 없이 더러운 것들을 잡아드릴가 보냐!

그 다음은 네 집안의 알잠 샘물을 한 방울인들
네 집 밖으로 흘리어 내실 것인가![28]

좋은 날 보려는 이는 그의 입과 혀가
참말로 벌써 벌써 돌아왔을 게다.[29]

---

[27] 로마서12:1 형제자매 여러분, 그러므로 나는 하나님의 자비하심을 힘입어 여러분에게 권합니다. 여러분의 몸을 하나님께서 기뻐하실 산 제물로 드리십시오. 이것이 여러분이 드릴 합당한 제사입니다.

[28] 잠언5:16 어찌하여 네 샘물을 바깥으로 흘러 보내며, 그 물줄기를 거리로 흘러 보내려느냐?

[29] 벧전3:10 생명을 사랑하고, 좋은 날을 보려고 하는 사람은 혀를 다스려 악한 말을 하지 못하게 하며, 입술을 닫아서 거짓말을 하지 못하게 하여라.
시편 34:12-13 12절 인생을 즐겁게 지내고자 하는 사람, 그 사람은 누구냐? 좋은 일을 보면서 오래 살고 싶은 사람, 그 사람은 또 누구냐? 13절 네 혀로 악한 말을 하지 말며, 네 입술로 거짓말을 하지 말아라.

네 속의 마음 눈

꿈 잘 꾸는 씨알이 참 나라 세운다
네 눈 똑바로 뜨고 꿈꾸어 삶 얻으라

지난 밤 생각 꽃이 피어오르더니
이 한낮 그 열매를 보는구나
고 작은 꿈틀거림이 참말 바로 맞았네

이 낮에 번번이 깨어 한 노릇이
더욱더 헤매어만 가는 일이고
이것이 바로 한 꿈 아니더냐!

네 몸에 달린 발
꿈 밖을 걸어간다곤 여기지 마라

네 속의 마음 눈만은
똑바로 하늘 위에 과녁 맞추러
들고 나가게 생긴 것이니라.

심장의 노래[30]

우리는 왜 위로 나가야만
든든하게 쉬 자는 숨 고동소리 듣는가!

튼튼하다 심장의 노래
그리운 걸 그립게 알고
디디고 오른 이 누구리!

무리 가운데 우린
그리 거룩하게 나가만 잡아
거룩하게 호흡을 잡고 계셔
치어오르는 심장

알 잠 허리
아바 아버지의 심장
심장은 제사장이다.

밤낮 드림 맡은 이여!
고디 곧음, 아암! 그렇지!

---

30) 다석은 먹고 숨 쉬고 피가 도는 몸의 생리 작용 자체를 제사로 본다. 먼저 숨 쉬는
    허파와 새 피를 돌리는 염통이 제사를 드린다. "앞서 나가 살고 돌아온 묵은 피와
    그 피에 실려온, 위에서 오늘날 새로 주신 즘생(짐승)을 밤낮없이 불살라 새 피를 내
    는 허파 앞에 새 피를 받아 온몸에 벌려 있는 4백조(四百兆), 만만만(萬萬萬) 살알(세
    포)에 돌려 이바지어 드리우려는 몸에 먹음이 없는 '염통 pope(드림 마른 이)가 있는
    가슴에 네 나가 설 테다.(박재순 『다석 유영모』 85-86쪽, 현암사)

절로 울림이어라

숨은 그립고 얼은 울리네
글로 숨 다 못 밝히겠고
말로 얼 못 다 밝히는구나.

맑은 숨과 얼은
제 그리움이오
절로 울림이어라

복은 말없이

말 적으니 복이 있고
도 넘으니 화가 온다.

재산 넘치니 말 많고
밤새 온 눈처럼
복은 말없이 모르게 온다.

지붕 밑으로 쌓아놓은 것이 부이며
하늘 보이게 내 놓은 것이 복이다.

몸바빠, 맘바빠, 배바빠

옷에 올린 몸, 몸 바빠,
집에 잽힌 맘, 맘 바빠,
밥에 밟힌 배, 배 바빠,
사람이 밥만 보도다.

돌아가 밤에 바라면서
잠에서 자라나라
맘에서부터 다시 보아
바로 펴지는 것을 보라

고요히 풀어져 나옴을 보라
밥 때문에 집 때문에
살려하기 때문에
비끄러맬 거는 아니지!

사람이라는 코끼리

사람이라는 코끼리 보내실 제
새끼 코끼리 세 마리 딸려 보냈으니

머리통 코끼리는
         참을 찾아오는 이를 태워가지고 오라시고.
염통[31] 코끼리는
         선을 찾아오는 이를 태워가지고 오라시고
눈코빼기 코끼리는
         아름다움을 찾아오는 이를 태워가지고 오라셨네

그러면 어미코끼리는 뭘 싣고 오라실까?
         길이 삼가며 살기를 찾아오는 이를 태워오라셨지!

 그러면 우리들을 다 데려간다는 말씀인가?
         암! 진선미 아름답게 같이길이 살 길의 말씀!

---

31) 허파는 "묵은 피와 그 피에 실려 온, 우에서 오늘날 새로 주신 즘생을 밤낮없이 불
    살라 새 피를 낸다. 묵은 피에 실려 온, 오늘 새로 주신 '즘생'은 날마다 밥으로 먹
    는 동물과 식물의 생명이다. 묵은 피와 먹이로서의 생명을 불살라 새 피를 내는 일
    이 허파가 드리는 제사이다. 그러므로 숨 쉬는 일이 제사다. 염통은 새 피를 온 몸
    에 벌려 있는 4백조 세포에 돌려 이바지어 드리려는 맘밖에 없는 제사장, 드림 맡은
    이다. 염통은 제사장처럼 온전한 마음으로 하느님과 사람에게 드리는 일을 한다. 염
    통은 4백조 세포들과 모든 기관이 잘 되기만을 바라고 모두를 축복하는 마음을 먹
    고 있다. 이렇게 몸은 이미 제사를 드리고 있다. (박재순 [다석 유영모]86쪽, 현암사)

첫 새벽의 고백

스물이나 서른 해 뒤에
다시 제 생각 떠올려 보아도

밝은 불 붙여 그을림 없고
맑은 물 그림같이 반가우나
부끄럼 없네

물끄러미 반가운 생각은
새록새록 새날 새날
그럭저럭 그날 그날

새 새벽녘 새는 동안
거룩한 얼, 새 날 동트기를 기다린 것인가.
고백합니다.

꾀로 만드는 것

실없는 말도 생각으로조차 나오고
실없는 짓도 꾀로 만드는 것입니다.

소리 내고 손짓발짓 하고 나서는
제 맘이 아니었다고 하는 컴컴한 수작 하니
남이 절 의심 안 하게 하고 싶은들 됩니까?

허물된 말이 제 맘 아니고
허물된 짓이 참 아니라면
소리가 틀렸고 사지가 잘못 든 것을
제가 마땅하다면 스스로 속임이오
남으로 절 좋게 하려들면 남을 속임입니다.

혹 맘에서 나온 것을 일부러 했다는 데로
허물을 돌릴 수 있다거나
생각에서 틀린 것을 제가 참으로 한 양
스스로 속이려 들면

너 자신에게서 나온 걸 일깨울 줄도 모르고
도리어 네게서 나오지 않은데다가 허물을 돌리려드니
오만을 기르고 그른 것을 디디고 가는 것.
무엇이 이보다 더 무지한 일이리까?

마음이 좋아라 하면

누구나 할 수 있는 것을 오히려 하고 싶고
누구나 할 수 없는 것은 멀리하고 싫어함이 십상이다.

마음이 싫어하면 쉬운 것이 어렵게 되기도 하고
마음이 좋아라 하면 어려운 일이 쉽게도 된다.

하기 싫은 마음 들면 쉬운 일도 어려워지고
하기 좋은 마음 들면 어려운 일도 쉽게 된다.
이것이 보람이다.

할 수 있으나 싫어함과
할 수 없으나 하고 싶어함이
도리어 생각의 바탕인가 싶다.

2장 · 트고 나가다
1956년 4월 26일부터

죽을 날짜 트고 나가다

씨앗이 틀을 트고[1] 땅을 들고 나와 세상을 만난다.
새로운 하루의 시작이다.

이 하루 1956년4월26일 목요일 흐리다 맑았다.
음력으로는 병신년 흑돼지해 3월16일.
율리우스력으로는 2435590일 [2]
목숨 보존하여 아버지께 가기 위해 내 목숨 미워하며[3]
하나님 나라 들어갈 생각에 먹음도 잊고 하루를 보내드렸습니다.

하루에 한 끼먹는 저녁을 놓치고 금식이 되었다.
이 세상 틀을 터나가기 위하여 죽기로 작정하는 두 번째 날을 정하
였다.

---

1) 느드트,,느믄 드믄 트믄 씨를 땅 속에 놓으면 씨가 땅을 들어올려 드믄이 되고 종당
  은 땅 밖으로 나오게 된다. 트문이다사람은 땅에 떨어진 씨알이다….진리를 깨닫고
  싹이 트고 땅을 들고 이 세상을 벗어나는 것이 인생이다. (『다석일지공부』, 김흥호
  전집 1,솔,494쪽)

2) 율리우스일(J.D., JD)은 율리우스력의 기원전 4713년 1월 1일 월요일 정오(세계표
  준시 기준)를 기점으로 계산한 날짜 수. 율리우스 통일(通日) 또는 율리우스 적일
  (積日)이라고도 한다. 율리우스일은 1582년에 로마에서 스칼리게르(Joseph Justus
  Scaliger)가 고안하였다. 그레고리력 개시시기에 율리우스력과 그레고리력 사이의
  날짜 변환을 용이하게 하기 위한 것이었다. 이후, 천문학자 존 허셸(John Herschel)
  이 1849년 저서 Outlines of Astronomy에서 날짜 계산에 율리우스일을 사용할 것을
  제안했고, 이것이 널리 퍼져 많은 천문학자들이 날짜 계산에 율리우스일을 사용하
  게 되었다.(위키백과) 다석은 1956.4.26.일부터 율리우스력으로 계산한 하루하루를
  일기에 기록하기 시작하셨다.

3) 요한복음12:25 누구든지 자기 목숨을 마워하는 사람은 목숨을 보존하며 영원히 살게
  될 것이다.

또 다시 죽을 이튿날은 1957년6월17일 월요일!

하나 셈 아홉은 139, 여기에 세 번 곱하니 417이 나왔다.
지금부터 417일 뒤이다.
하나는 하나님, 셈은 셈하다 셋, 아홉은 온전히 이루는 완전수,
여기에 곱하기 셋을 하니 417.
4는 죽음의 수, 1은 나, 7은 일어남
이제부터 매일 깨어나면 죽고 죽고 죽는 연습하다가
417일째 되는 날 나는 죽음을 트고 일어나
하나님 앞에 서리라.

그날을 기다리며 이 틀을 트고 나간다.
음력으로 병인년 하얀 원숭이해 5월20일이 되기까지!

꽃 중의 꽃은 불꽃

세상에 고운 것이 꽃이오
세상에 더러운 것이 진물인데

꽃을 심은 채로 보면 고우나
다치고 보면 진물이 납니다.

세상에 깨끗한4) 것이 피인데
몸 밖으로 흘린 피는
세상에 더러운 진물입니다.

꽃에서 나오는 진물도
고디 가졌을 때는 알잠 꽃물
꽃 그대로 깨끗한 피입니다.

세상에 갸륵하게도 곱고 깨끗한 것은 불인데
아무도 그리로는 나들지 않으니
그 뜨거움에 나들 수가 없어섭니다.
그런즉 세상에서 꽃 중의 꽃은 불꽃입니다.

세상에 못할 노릇은
피어나는 꽃물 곱다고
흘려 내버리는 일입니다.

---

4) 깨끗은 깨어서 끝에 서있는 것이다. "마지막을 거룩하게 끝내야 끝이 힘을 준다.
…… 전광석화(電光石火)처럼 생명의 찰라 끝에 생명의 꽃이 핀다. 마지막 숨 끝 그
것이 꽃이다. (박재순 『다석 유영모』 91쪽, 현암사, 2008년)

말숨은 진리의 불꽃이지만
뜨겁다고 떠나는 일 더러 있습니다.
말씀은 숨어있는 몸의 불꽃!

소용돌이 치며

요한복음 13장 31,32절[5] 줄거리를 생각해 보면
"아들이 환하게 빛이 남으로 아버지도 환하시고
아버지 또한 절로 아들을 환하게 하고 계심"이란 □인 듯 합니다.

우리가 영으로 삶을 얻었고 영을 따라 살아갑니다.[6]
허영을 사모하지 말고 서로 노엽게 하지 말고 서로 질투하지 맙시다.

그러면 예수가 깨달은 길, 진리, 삶!
곧, 사람이 하늘로부터 땅에 내려왔다가
위로 올라가는 길은 "길"
그 길을 환하게 걸어감이 "참"
그 참을 길이길이 살아내는 것이 "삶"이라고 보셨습니다.
아버지와 아들이 하나이며 밝은 빛이라고 보신 것입니다.

"이것 저것 다 살아봤으나 고치고 허물 벗겨내는 길 밖에
다른 살 길은 없다."
꽃을 꺾었다면 말끔히 쓸어버릴 것만입니다.
아무 것도 아무 말이라도 다 쓸 데 없습니다.

---

5) 요한복음13:31-32 유다가 나간 뒤에, 예수께서 말씀하셨다. "이제는 인자가 영광을
받았고, 하나님께서도 인자로 말미암아 영광을 받으셨다. 하나님께서 인자로 말미
암아 영광을 받으셨으면,] 하나님께서도 몸소 인자를 영광되게 하실 것이다. 이제
곧 그렇게 하실 것이다.

6) 갈라디아서 5:25-26 우리가 성령으로 삶을 얻었으니, 우리는 성령이 인도해 주심을
따라 살아갑시다. 우리는 잘난 체하거나 서로 노엽게 하거나 질투하거나 하지 않도
록 합시다.

시간이란 과거의 과거에 수없이 잘못한 것에서 떠나는 것
살아감이란 죽고 죽고 죽으며 긴긴 시간 속을 떠나는 것
선함은 하늘의 것
충만하기 위해, 밝은 세상 맞이하기 위해 선함에 머무는 것이
하늘의 명령에 돌아가는 것입니다.

몸을 입고 태어나 가정을 거쳐서 사회를 통과하여
성장해가는 과정을 인생이라 하는데
통과할 때마다 껍질과 먼지 때를 벗겨 깨끗이 청소하는 일은
항시 동반되는 것입니다.
개혁이든 신진대사든 늘 고치고 벗겨냄을 일삼아 살아갑니다.

잘못을 고치지 않는 것이 죄이고 씻지 않는 것이 죄.[7]
개선한다는 건 자기를 쳐내는 것.
잘못은 소용돌이 치며 나아가는 모습
죽음이란 절선하고 직진하는 모습.
할 수 있는 대로 소용돌이를 덜 치고 선한 길로 가는 것이 살 길입니다.

사람은 오척 정도의 키에 보통 오십년을 삽니다.
그러나 하늘로 오르는 길은 영속적인 개혁의 나아감에 있습니다.

---

7) 명심보감 계선편(繼善篇) 마원왈(馬援曰) 종신행선(終身行善)이라도 선유부족(善猶
不足)이요 ─일행악(日行惡)이라도 아자유여(惡者猶餘)니라.─. 마원이 말하기를
"한평생 착한 일을 행하여도 착한 것은 오히려 부족하고 단 하루를 악한 일을 행
하여도 악은 스스로 남음이 있느니라."고 하셨다. (http://m.blog.daum.net/jm-
song0114/7958)

세상사도 굽이굽이에 소용돌이 적체가 심하면
일시 개혁을 요청하게 됩니다.
오랜 세월동안 인생된 동포로 온 분이여!
하늘에서나 땅에서나 언제나 잠시 개혁하면 영원히 부귀를 누리란
생각은 꿈에도 하지 말아요!

아이의 삶이란 들어박혀 사는 것이 아니고
박힌 데서 트고 나감이며
집 짓고 들어앉아서만 살림이 아니고
인간을 크게 열어나감으로만
참 살 길을 걷는 것입니다.

그리스도가 세상을 구했다 하고
이 세상 인간들이 세상에서 구속했다 해도
밥 잘 먹고 옷 잘 입고
재미보며 놀게 되는 것만이 아닌 것은
우리가 이미 알아차리고 당면한 바입니다.

무슨 무슨 개혁이 인간에게 부귀영화를 가져옵디까?
또는 이 다음에라도 가져올 것 같습니까?
인생 삶 자체가 머리 끝부터 발가락 끝까지
개혁에 들어가는 길입니다.

생각이 죽은 나라?

예나 지금이나 사람은 길을 묻습니다.
예수는 「내가 곧 길이다」 잘라 말씀합니다.
아버지 없으시면 아들 있을 수 없고
아들 아니면 아버지는 모를 것입니다.
말 없으면 생각을 못 할 거니 말은 곧 생각입니다.
생각한 것을 말씀해야 집을 짓고 나라를 세웁니다.
짓고 세웠다 할지라도 그 나라가
무엇을 이룬 것은 아닙니다.

그것이 모두 앞으로 앞으로
생각을 일으키는 말씀 밖엔 아무 것도 아닙니다.
생각은 꿈이고 말은 잠꼬대이며
세상 온 누리는 눈꿈쩍입니다.
고쳐 생각! 고쳐 생각 생각해야
세상 허물이 벗겨 나가게 됩니다.
무슨 큰 뜻을 이루게 되는 것을
「있」, 「참」, 「삶」이라고 보는 것입니다.
우리가 이렇게 된 가운데를 길이라 합니다.

생각이 산 나라의 씨알은 바로 안 된 것을 보고
고치지 않고는 못 견디겠다고 하고
결국 달려들어 고치게 됩니다.
생각이 죽은 나라 될까 두렵습니다.

네가 참을 찾지 않는 것이

하늘의 생명 기운 받고 얼 뜻 짙어지고
가운데 길 찾아가는 사람아

제 바탈 바로 타고 가운데로 간다면
환한 빛 보려고 해 기다리지 않으며
참 만나려고 바람만 보고 있진 않을 것이다.

하늘은 너의 풍족함! 하느님은 우리 아버지!
하늘 펴서 얼 뜻 알아차림이 참 아닐 거냐?
참 알아차림으로 참 보자는 것 아니랴?

온 누리 온 세상을 거짓되게 보지 말라
네가 참 찾지 않는 것이
누리를 거짓되게 할 뿐이니라

머릿골에 내려 계시느니라

하느님은 그 위가 없는 첫 자리에 계시사
큰 아름다움, 큰 슬기, 큰 힘을 가지셨습니다.

하늘을 내시고 셈없는 누리 차지하시고
많고 많은 세상 만물 만드셨나니
띠끌만치도 빠짐이 없으십니다

밝고도 신묘막측하여
구태어 이름하여 헤아릴 수 없습니다.
바탈로부터 깊이 들어가 씨알맹이 찾으라
너의 머릿골에 내려 계시느니라.

수수께끼 같은 세상[8]

젊은이의 누리란
보고 듣고 만지고 말하고 지내자는 세상이니
그래도 이 바닥에서 무슨 맛 찾을까하고 그러는 거니라

늙은이의 누리란
보잘 거 없고 들잘 거 없고 만지잘 거 없고
알잘 거 없고 지내잘 거 없다.

왜냐면 바닥은 바닥이야!
올라가려는 뜻이 없음이니라

그러나 밀알같은 젊은이가 바르게 깨우치면
새싹으로 터져 나올 수 있느니라

바닥까지 간 늙은이도 뜻 모르는 이가 있고
오히려 하늘 뜻 따라 사는 젊은이도 있거늘
그리하여 이 세상은 수수께끼니라

---

8) 베드로전서 4:2-6

나에게 주신 힘

참으로 그 얼굴들이 이뻤나
참으로 그 맘들이 고왔나
내 늙은 꼴 남 보일세라 감추려 하지만
하느님 몰라 하는 짓

언제라도 새로운 맘은
하느님이 나에게 주신 힘 덕분인 걸!

이제도 아니 인젠 더욱 더
담 담 담에는 더 더 힘 주시겠지!

아버지의 눈

우리 아버지 눈을
난 두 번 잊지 못하게 보았고
생각은 세 번 했다.

을미운동때 형사가 가택 검색9)을 하면서
집에 들어와 심문한 때에
눈 똑바로 뜨고 형사 얼굴 보시던
우리 아버지 눈을 나는 잊지 못한다.

또 한 번은 돌아가시기 두어 시간 전에
누우신 자리에서 일으키라 하셔서
두어 사람이 반신을 일으켜 드렸다.

마주 앉아 뵙는 아버지 얼굴의
뒤틀리는 주름을 보면서
"다시 누우셔요. 못 일어나십니다" 했더니
"왜!" 하시면서 가장 큰 눈을 뜨시면서 날 보시던
우리 아버지 눈을 나는 잊지 못 한다!

---

9) 유영모 29세(1919년) 때 남강 이승훈이 3·1운동 거사 자금으로 기독교 쪽에서 모금한
   돈 6천 원을 맡겼는데 그는 아버지가 경영하는 경성피혁 상점 금고에 보관했다. 이
   를 눈치 챈 일본형사들이 들이닥쳐 점포를 수색해서 돈을 압수하고 아버지도 끌고
   가 105일만에 풀어줬다.

세 번 생각

위에 쓴 두 번의 아버지 눈에 대한 생각과
우리 아버지께서 우리 어머니의 젊으셨을 때 얼굴을
그리워서 보셨을 우리 아버지 눈도
나는 보지 못 했지만 생각해 본 적은 있다.

이 우리 아버지의 눈이 내 맘에 박혀있는데
이 영상이 내 마음을 밝혀준다.

그러나 내 눈이 맘에 박혀서는 안 되며
맘은 늘 비어가고 있어야 한다.

내 눈은 하늘이 보여준 온갖 것을 달아내는
저울 눈이기 때문이다.

웃음도 닫고 입도 닫아

하늘 밑에서 나는 너를 만나서
하늘 밑 어미 삼았지

이미 그 어미 얻으니 그 아들을 알고
그 아들 알고는 다시 그 어미 돌보니
어미 몸[10] 마치도록 내 걱정 없다.

웃음 막고 입도 닫아두어
몸 마치도록 바쁘진 말 것이니라

웃음 터놓고 일 건네어 가자면
몸 마치도록 건질 수 없다.

적은 것 보기에 밝다는 것이고
부드러운 것 지키기에 강하다는 것이다.
그 빛 쓰는 대로 그 밝음에 돌아갈 것이니라.

몸에 언짢음 끼침이 없으리니
이를 늘 든든함이라 할 것이니라.

---

10) "우리는 몸이 건강한 정신을 담은 그릇이라는 것을 알아야 한다. 건강한 정신을 펴기 위한 몸이란 것을 알아야 한다. 인생의 목적을 달성하기 위하여 우리는 우리의 몸을 소중히 여길 줄 알아야 한다. 건강은 책임 의식에서 나온 것이다. 어린아이를 위해서 앓지 못하는 어머니처럼 인류의 구원을 위해서 앓을 수 없는 육체를 가지는 것이다."(『제소리:유영모 선생님 말씀』, 김흥호 편저(김흥호 사색시리즈 제10권)189쪽)

나를 찾는 길

「나」 있게 된 첫째 원인이 조물주인지는 모르지만
제 일 원인까지를 찾으려는 「비롯」은 「나」다.

참을 찾는 나! 좋아하는 나! 씨알답자는 나!
선을 쌓는 것이 아니라 선을 구하는 것이다.

진실을 쌓는다거나 의를 쌓는다는 게 말 안 되는 것처럼
선을 쌓는다는 건 말 안 된다.

오직 구함이고 쌓음이 아니다.
진선미를 구하는 것이 곧 자기를 구함이다

아름다움 그리고 자기를 구함이 존재의 의미
진선미[11] 찾는 길은 길고 긴 여정

모든 것 위에 「나」 찾는 길도
길고 길다.

---

11) '육체가 무너지고 정신이 산다고 할까. 나를 깨치고 나라를 열어야한다. ……나는
고노병사(苦老病死) … 썩는 거야. 나라는 진선미성(眞善美聖)이야. 목숨은 썩는 거
야. 그러나 말씀은 빛나는 거야. 빛 날려면 깨야지. 깨져야지, 죽어야지"(유영모 「다
석일지」 영인본 상.1982, 841-842쪽)

나는 「하나」다

나는 「하나」다.
하나는 누가 만든 것도 아니고
언제 비롯한 것도 아니다.

하나는 누가 알 수 있는 것도
모를 수 있는 것도 아니다.

모든 것의 모든 것이오
언제의 어디까지인 것이다.

이 세상 만물은 있다가 없듯이 가고
빈탕은 없다가 있듯이 온다.12)

---

12) 맘은 하늘, '빈탕한데'이다. 맘은 하늘을 품은 것이다. 물질에 굴복한 맘은 물질의
법칙과 집착에 매여 있으나 맘의 본성은 물질이 아니며 물질의 법칙과 집착에서 자
유로운 것이다. 맘은 물질이 아니므로 빔이고 없음이다. 맘은 본래 비고 없는 것이
므로 자유로운 것이다. 맘이 가리키는 실상은 불교적으로 말하면 본래무일물(本來
無一物), 본래 아무 것도 없는 것이고, 기독교적으로 말하면 상대세계를 넘어서 오
직 하나이신 하나님만 계신 것(原一物不二)이다. 없음과 빔에 익숙해져야 하나님과
사귈 수 있다. 유영모는 없음과 빔에 친해지고 없음과 빔을 좋아하게 되었다. 빔과
없음의 자유에 이른 것이다.(『다석 유영모의 천지인 명상』, 박재순. 함인숙 지음, 기
독교서회,56쪽)

그립게 찾아지는 한 분

내가 사는 것은
타고난 것을 나타내 보임입니다.

그러나 빛이나 꼴로 나타낸 것은 아니고
속뜻을 좀더 맛보도록 보이어야 할 거 같습니다.

모든 정신은
그립게 찾아지는 한 분 아버지를 알려는 그리움[13]을
더 더 더욱 품게 하여서

마침내 제 속 알을 깨치며 나가는 때
보이어 얻음인가 합니다.

---

13) 땅에 발을 딛고 우주 하늘을 바라 본 인류는 자신 안에서 하늘과 땅이 하나임을 깨
   달았다. 땅에서 난 것을 먹고 땅에서 사는 내 몸과 맘속에 하늘이 있음을 알고 내가
   하늘의 주인임을 알게 되었다. 하늘을 두려워하고 그리워하면서도 하늘과 내가 뗄
   수 없는 하나임을 느꼈다. 그리하여 사람은 이제 하늘을 그리워하고 하늘과 사귀는
   존재가 되었다. 사람의 몸은 땅의 흙으로 빚어진 것이고 마음은 하늘을 그리워하며
   하늘을 품고 있다. 마음이란 사람 안에서 하늘이 열린 것이다. 하늘이 텅 빔과 없음
   이듯이, 마음은 흙으로 빚은 사람의 몸속에서 열린 빔과 없음의 세계이다. 몸속에
   하늘이 열림으로써 비로소 사람이 되었다.(『다석 유영모의 천지인 명상』, 박재순 함
   인숙 지음, 기독교서회,9쪽)

오는 맘도 태울 것

가는 소리 듣고 싶고
가는 빛 보고 싶고
가는 마음 잡고 싶다.

오는 소리는 무얼까?
오는 빛도 알고 싶고
오는 맘도 태울 것인가?

올 소리 올 빛이어도
올 마음에서 오늘을 삶!

해 보면 어떨까

먹어보면 어떨까 하고 먹어본다.
아니 먹어도 좋을 것을!

해 보면 어떨까 싶어 해 본다.
아니해야 좋았을 일!

상관하지 않아도 될 일을 하는데
짐짓 잘못 할 수 밖에!

몸 벗고 살 수 있는 사람

몸 스물스물 일 스물스물하고
숨 스물스물 생각도 스물스물
생각 스믈스믈하니 생각 속에서 맘 캐어내네
몸에서 깨어 캐내는 생각으로
산 사람의 나라는 마음이 고맙다.

산 사람의 나라는 맘 고맙게 몸에서 깨여
캐내는 생각으로 된 걸 보임이라
이는 맘 놓고 죽을 수 있고
몸 벗고 살 수 있는 사람이다.

알숨을 세우라 생각을 하니 생각을 이루라 말씀을 한다.
나는 나라, 나라는 나이니라
나 이승에 나면 이승에서 나라요
이에서 죽어 하늘나라 빈탕14)한데 한 나라이니라.

이 생각 주신 얼이 한울님이시오
이 생각 힘차게 쉬여 나타내신 이는
그리스도 얼 사람이라고 할 밖엔 다른 말씀은 없느니라.

---

14) '빈탕'은 빈 것, 허공을 뜻한다. 물질과 욕망을 태워 버렸으니 비고 없다. 비고 없는
   것은 하늘이다.'한데'는 '바깥, 넓은 데, 막힘없이 크게 하나로 확트인 데'을 뜻한다.
   하느님께 나가기 위해 모든 것을 불살라 제사 지낸 사람은 '빈탕한데' 곧 '하늘'에서
   논다. 다석은 이것을 빈탕한데 맞혀 놀이라 했다.(박재순 『다석 유영모』 95쪽, 현암
   사)

나는 참 사람, 생각도 참사람의 생각
맘 놓고 죽는 사람은 몸 깨워 사는 사람

덜되지 아니한 나는 그리스도 사람
얼사람인 나 밖엔 된 게 없다고 본다.

맘 고쳐먹고

「환한 하느님 나라를 따서 먹으면 죽는다」15) 일러 오건만
사람마다 그 말씀은 믿지않고 하는 말대답은
「아! 죽지 않는다 그걸 못 따 먹으면 산다해도 산 것 같지 않다」하고
스스로 꼬이니라. 삐뚤어지게 꼬이니라.

말씀은 하늘 뜻으로 나오는 것이고
사람 맘대로 되는 게 아닌 걸 잊어버리고
제 맘대로 혀 놀림으로 될까 싶어하니
갈수록 멸망이 넘실거리느니라

말씀이 가까우니라
맘 고쳐 믿고 살지니라

---

15) 창세기 3:1-5 뱀은, 주 하나님이 만드신 모든 들짐승 가운데서 가장 간교하였다.
뱀이 여자에게 물었다. "하나님이 정말로 너희에게, 동산 안에 있는 모든 나무의 열
매를 먹지 말라고 말씀하셨느냐?" 여자가 뱀에게 대답하였다. "우리는 동산 안에 있
는 나무의 열매를 먹을 수 있다. 그러나 하나님은, 동산 한가운데 있는 나무의 열매
는, 먹지도 말고 만지지도 말라고 하셨다. 어기면 우리가 죽는다고 하셨다." 뱀이
여자에게 말하였다. "너희는 절대로 죽지 않는다. 하나님은, 너희가 그 나무 열매를
먹으면, 너희의 눈이 밝아지고, 하나님처럼 되어서, 선과 악을 알게 된다는 것을 아
시고, 그렇게 말씀하신 것이다."

조히조히 살아왔으니

네 속 마음 얼마만치 말끔히 치우고
네 바람 얼만만치 맞이하고 잡아내는가

네 마음대로 실컷 살고
실컷 꿈틀거려놓고 재어본단 말이냐
그렇게 하고 싶은 사람아

네 허망한 꿈 이루려는 계획 세우고
깊은 시름에 잠기려느냐
이날 이때까지 조히조히 살아왔으니 고맙습니다.

여기 이제껏 나와 남, 그와 저,
조히조히 들고나는 가운데
그 어느 것도 꺼져버린 걸 본 적 없어 하노라.

숨나무와 명나무

숨나무에 숨 돋고, 명나무에 명 연다.
우리는 생명나무 뿌리 밑에 거름이어요!
여기서 생명나무는 볼 수 없어요.

더군다나 그 넓게 멀게 퍼진 잎사귀를 볼 수 있어요?
더구나 그 높고 높고 높이 열린 열매를 따먹을 수 있어요?
그러나 우리는 꿈을 꿨어요.

생명나무 심은 이의 아들이 뿌리밑까지 내려가
우리들과 같이 거름된 꿈을요!

우리 꿈은 꼭 맞으니까요!
그러니까, 우리가 흙에 묻힌 꿈을 깨는 아침엔
우리가 생명나무를 보겠어요.

그 싱싱한 잎사귀도 보겠어요.
그 환 환 환 환빛으로 열린
생명나무 열매를 따먹겠어요!

우리는 숨나무 명나무!
들면 숨나무요 나면 명나무!
할렐루야 아―멘!

그리워하노라

그그제
그제
어제

이제

낼
모래
글피
그글피

깊이 깊이
기리니
글월 나오고

그를
그리워하노라

맺는 이, 곧은 이, 굳센 이

인생 마디 잘 맺고 곧이 곧장 올라가
굳세게 살아가라

맺는 이, 곧은 이, 굳센 이
속알 살리고 씨알을 살린다.

맺는 이, 곧은 이, 굳센 이
나 살리고 나라를 살린다.

맺는 이, 곧은 이, 굳센 이
우리 살리고 누리를 살린다.

맺는 이, 곧은 이, 굳센 이가
하늘이 드리운 줄 잡는다
우리를 건질 줄[16)]

드리워 준 줄도 안 잡아타고
살겠다는 말은 마라.

입으로 외치는 "한울님 살려주십시오" 소리는
건질줄을 죽어라고 굳게 잡은 손에서 난다.

---

16) 내 속에 영원 전부터 내려오는 생명줄이 있고 이 줄의 끄트머리가 '나'다. 지금 여기
   에 있는 '내 속'의 끄트머리인 "우리의 숨 줄"은 "하늘에서부터 내려온 나"이며 "영
   원한 생명줄"이다. "이 숨 줄 끝을 붙잡는 게 가온찍기다."(유영모 『다석일지』 영인
   본 상, 739쪽, 1982 현암사)

맺는 이, 곧은 이, 굳센 이의 건질 줄이야
우리를 건져낼 생명줄 졸라매고
잡음 믿음 알음으로 나아가자!

인생은 신되는 길

우리는 어찌 되는 길인가?
나는 어찌 되는 길인가?

감각으로만 살려고 하지 말라
감각으로 사는 것은 벌레니라

물질로만 살려 하지 말라
물질로 사는 것은 나비 벌이니라

자기로 살아라
자기로 사는 것은 마음이니라.

큰 사람으로 살아라
큰 사람으로 사는 것은 신神이니라

사람이 사는 길은
결국 신되는 길이니라

이 세상에 부르짖노라

세상에 부르짖노라

마주보도록
반듯한 몸가짐 지켜라

한가하도록
맑은 마음가짐 지녀라

살아가도록
바른 뜻 가짐 세워라

죽음 너머에 새로운 삶 있다

눈 뜨고 바로 보려는가?

스스로 보잘 것 없다고 여겨
있이 있는 것을
없이 여기는 잘못 범하지 말라.

하느님은 보아야 할 곳에 계시고
만나야 할 곳에 계심을 아는가

어디나 하느님이 계심을 알고
없이 계시는 듯하지만

여기 계신 줄 알고
위로 오르고 오름이 옳다.

사람 노릇 다하면

세상은 나를 맞이하려고
함께 오르락내리락 하는 거요.

나는 뭘 볼 일이 있는지
이 땅에 왔지요.

이 땅에 내려와 사람 노릇 다하면
하늘로 다시 올라가는 거요.

이게 옳은 길이요.

마찬가지

하늘과 땅은 한 가지
삶과 죽음도 한 가지
없음 있음도 한 가지
나와 남 한 가지

안과 밖 한 가지
큰 거 적은 거 한 가지
같은 거 다른 거 한 가지
하나와 많은 거 한 가지
모두 마찬가지

한 가지가 다른 거를 찾는 것이 맞이요
두 가지가 한 가지를 찾는 것이 맞이요
한 두 가지가 한 가지를 찾는 것이 맞춤이니
이른바 마찬가지란 것이다
마침내 모든 게 하나

까막눈

눈 밝고도 글 못 깨치면 까막눈인데
글 잘 보면서 사물 분간 못하면
무어라 할까요

또 뭔 일을 뻔히 알면서도
아는 대로 살지 못 하는 데는
무어라 할까요

까마귀 눈인가, 갈매기 눈인가
다 거죽 껍데기로만
쉽게 해 내던지는 말이지요.

'하나'를 사랑하는 이

어떻게 할지 모르거나
어찌해야 좋을지 모른다거나
꿈만 꾼다거나
환상을 본다거나
미친다는 것은

다 한 가지로 참을 찾아가게 된
바탈로 된 것은 아닌 듯!

'하나'를 사랑하는 이는[17]
근심이 없게 된다.
하나인 줄 믿으면
가질 걸 다 가진 셈이 된다.

알려는 이는 이럴까 저럴까 없이
더 더 배우려 든다.
맨 몸뚱이 참이란 것아!
진리는 하나인 줄 믿고 나아가라.

---

17) 사람은 하늘, 땅, 사람을 하나로 만드는 존재이다. 그러나 몸이 오로지 땅과 하나가
되려하고 마음은 오로지 하늘과 하나 되는 것을 추구한다면 몸과 마음이 갈라지고
하늘과 땅이 만나지 못한다. 흙으로 빚어진 몸이 하늘의 원기와 통하고 하늘의 얼을
받은 마음이 땅의 중심과 통해야 천지인 합일이 이루어진다.(『다석 유영모의 천지인
명상』, 박재순 함인숙 지음, 기독교서회,9쪽)

저절로

맘은 맘대로 하고
몸은 몸대로 되게 하고
사람은 사람 노릇하게 하고
세상은 세상 저절로 되게 하라

저절로 살려 볼까나?

깬 사람은 깬 대로
씨알은 씨알들대로 되어 오게

깨인 사람은 깨인 대로
덜떨어진 사람은 깨인 사람 따라오게

어쨌든 절로 저절로
살려 볼까나?

만듦과 지음[18]

세상을 누가 만들었다고?
없이 계셔서 없는 데서
있이 내놓으시는 이가 만들었지!

그릇은 누가 지었는가?
위에서 떨어져서 난 사람이
흙에 뜻을 덧붙여서 지은 것이지.

무無에서 드러냄만이
순수한 만듦이라 할게다.

---

18) 로마서 4:17. 이것은 성경에 기록된 대로 "내가 너를 많은 민족의 조상으로 세웠다"
    함과 같습니다. 이 약속은, 그가 믿은 하나님, 다시 말하면, 죽은 사람들을 살리시
    며 없는 것들을 불러내어 있는 것이 되게 하시는 하나님께서 보장하신 것입니다.

'학생 아무개'의 무덤

모든 걸 보시는 이가
저를 남에게 보이시지는 아니하시고
모든 걸 들으시는 이가
저를 남에게 들리게 하시지는 아니하시고
모든 걸 들어 알고 계시는 이가 저를 남에게 알리시지는
아니하시는 이가 계시는데 이는 위에 계시는 한님이리다.

그러한 하나를 우리 사람은 꼭 알고 있지 않습니까?
빛이 있어서 우리는 모든 것을 봅니다. 빛! 그렇습니다.
그러나 우리 눈으로 만물에 반사되는 빛깔色을 보는 것이지,
우리 눈으로 빛, 그걸 보는 수는 없습니다.
우리가 태양면이나
불꽃의 빛깔을 보는 것이지
빛의 정체를 보는 것이 아닙니다.

바꿔 말하면 물질의 색깔이 나도록
힘을 주는 원동력이
빛이란 말씀입니다.
이러한 뜻으로 빛이란 우리에게 보이지 아니합니다.
사람의 눈으로 안다는 범위는 빛깔에 그치는 것입니다.
또 물체에 빛깔이 강하면 그 속살을 모르겠고
속살에 가 닿으면 그 속알은 멀고
속알이 멀면 빛깔마저 못 가리게 됩니다.

사람은 속알이 밝아지는 대로 빛깔을 가리고
속알을 아끼며 삼가므로
더욱 속알을 밝혀나가게 된 것입니다.

개인 인생도 인류의 역사도 그런 것만 같습니다.
빛깔을 가리지 않고 "번쩍하면" 덤벼들거나
"속살만이면 좋거니"하고 어리석게시리
아무 것도 사리는 것이 없이 된다면
동물만도 못한 포악한 죄과를 드러내는 현실을
사는 것이라 하겠습니다.

참을 찾아놓기 전에는 사람은 없어지지 않을 것입니다.
사람이 이제 저가 안 것과 갖고 있는 것이
거짓되고 하잘 것 없음을 알게 될 때
한갓 찾아야 하는 것이 오직 참진리인 것인 줄 알아야 하겠고
또 그 참이 아주 가까이 있거나
아주 쉽게 볼 수 있는 것이 아닌 줄도 잘 알아야 합니다.

생전 두고 찾을 것이요 대대로 두고 찾을 것입니다.
전 인류가 다 들러붙어서 마침내
바로 알아내 놓을 것이
'참 하나'일 것입니다.

승리는 인류역사 끝장에 보입니다.
참 빛을 맞이해서야 마칠 것입니다.

참 알려는 슬기가 '나'요 알도록 찾는 것이 '참'이요
보게 하는 힘이 '빛'! 참은 하느님, 빛은 성신, 나는 아들!

셋은 곧 하나!

이에 우리에게 보여지는 하늘의 별들은 소리없는 글자입니다.
그런 중에도 해, 달 두 점이 우리 보기에 좀 번듯해 보이는데
무슨 광명세계를 누릴 것 같아 거기에 깜빡 홀립니다.

허영과 환상을 좇아 헤매다가 해와 달만 힘들게 합니다.
수많은 별의 교본은 그대로 나가 자빠져있고
사람은 고단하여 잠들어버립니다.

그 몸을 눕혀놓은 앞에 '학생 아무개'의 무덤이라 세우니
어둔 우주 갑갑한 세상 더 캄캄한 이 땅 속으로 들어가누나!

속알들은 어찌 되어 가는 것일까요?

내가 크는 겁니다

눈이 있어서 가까운 걸 크게
먼 걸 작게 봅니다.
그러므로 자기만한 것이 없는 것같이
저를 큰 줄 알게 될 것입니다.
그러나 이걸 뒤집으면 큰 건 멀게, 작은 건 가깝게
알아보게도 되었습니다.

　좀 생각해 보면 우주에서 제일 가까운 제가 가장 작으므로
보잘 것도 없이 된 줄 깨달을 것입니다.
마침내 참으로 큰 건
눈으로 볼 수 없는 것이라는 것도 알 것입니다.

제가 꽤 크거니 하고
제게 가깝게 있는 조무래기만 거느리려고 하는 게
편할는지는 모릅니다.
그러나 솟아올라 자랄 수는 없을 것입니다.

가장 작은 제가 큰 걸 보려면
밖에 나가서 눈 앞에 펼쳐진 만물을 보게 될 것입니다.
그러다가 가장 크게 나타나는 걸 볼 것입니다.
그게 곧 내가 크는 겁니다.

내가 다 크면 비로소 아버지를 알 것입니다.
아버지께 나는 하나입니다.

드문 하루

이에 이에 틀을 깨고
터 오릅니다

오히려
하루를 이틀처럼 살자

아버지께 돌아가 진리 깨닫고
오르고 올라가자

아바 아바 아버지
가운데 중심 뚫고 솟아오르자

가자. 우로!

제3장 • 다시 산 날
1957년 6월18일부터

다시 산 날!

이 새벽 오늘이라
아주 드물게 튼 날

다시 내가 살아난 날!
가장 고귀하고 소중한 날
다시 산 날! 나의 날[1]!

죽음의 첫 날을 1956년 4월 26일로 정하고
그 날 오기만을 기다렸는데 안 데려가시니
죽음의 이튿날을 417일 뒤로 다시 정하고
하루같이 살았으나 아직 숨을 쉬고 있다.

어인 일일까? 탕임금 생각이 난다.
죄가 있다면 나 한 사람이 책임질 일이고
나 한 사람에게 죄가 있다면 만국의 군주들에게
그 죄를 전가할 일은 없을 것이라고 그가 말했다.

내가 또 다시 살아가야 하는데 이는 뉘 죄도 아니다.
목욕재계하고 그저 성실하게 하루하루 또 살 뿐이다.

---

1) 상극시침(尙克時忱), 내역유종(乃亦有終)이란 무슨 말인가? 탕임금이 하나라를 쳐부
수고 제후를 모아놓고 이렇게 말했다. 그대들의 선행이 있으면 나는 그것을 덮어두
지 않고 밝힐 것이고, 죄가 나에게 있으면 스스로 용서하지 않을 것이며, 잘 살피어
하나님의 마음에 들도록 하겠소. 그대들 온 세상에 죄가 있다면 나 한 사람이 책임
질 것이다. 나 한사람에게 죄가 있다면 그대들 만국의 군주들에게 그 죄를 전가하는
일은 없을 것이요, 아아 바라건대 성실하게 일해 주오. 그래야만 영원히 성업을 완
성할 수 있을 것이오.(김흥호, 『김흥호전집2』 다석일지 공부, 493쪽, 2001, 솔)

오늘은 1957년 6월 18일 화요일
음력으로 정유년 오월 스무하룻날
쥴리우스 달력으로는 2436008일이다.[2]

다시 살기 위해
열흘간[3] 목욕재계하는 마음으로 지낼 것이다.

---

[2] 율리우스일(J.D., JD)은 율리우스력의 기원전 4713년 1월 1일 월요일 정오(세계표준
시 기준)를 기점으로 계산한 날짜 수. 율리우스 통일(通日) 또는 율리우스 적일(積
日)이라고도 한다. 율리우스일은 1582년에 로마에서 스칼리게르(Joseph Justus Scal-
iger)가 고안하였다. 고레고리력 개시 시기에 율리우스력과 고레고리력 사이의 날짜
변환을 용이하게 하기 위한 것이었다.

[3] 3) 어제 다석은 특별히 하늘 튼 날을 지냈다. 다시 사는 경험을 두 번째로 한 것이다.
일찍이 북악 산마루에서 하늘 열리는 경험한 다석은 '내거라곤 다 버렸다'. '님이 나
를 차지하시사 나를 맡으셨네' '나를 가지셨네'라고 노래 하셨다.
1955년 4월 26일에는 사망예정일을 선포하시고 일기를 쓰기 시작하셨다. 다석의 생
애에서 가장 중요한 시기는 생명의 양식 시간 남기는 시량록 쓰신 열흘! 그 열흘 중
7일은 재(齋)의 날이고 3일은 계(戒)의 날로 지내셨다.
몸과 맘 정결하게 다듬고 한웋님 아들로 온전히 구별하여 지내신 기간. 이 열흘을
지내고나서 일기에 하루 이틀 다시 새롭게 셈을 시작하셨다. 이 열흘을 하늘과 하
나 되어 다시 사신 날을 새롭게 계수하셨다.

먹이시도다

몸 안에서 하늘의 숨⁴⁾ 쉬며 지내는 나
몸 밖의 한데에 있는 모든 것들이 나의 양식

빈탕한데 있는 님은 물론이고
하늘에 있는 해, 달, 별
땅에 있는 볕과 그늘, 빛과 빛깔
창조된 사람과 짐승, 나무, 풀, 씨, 바람, 물, 불

생각, 느낌, 말, 길, 힘, 재주, 몸매, 마음씨
날마다 생명의 양식으로 이바지됩니다!

이렇게 먹이어 키워진 나
어딘가에 먹히는 데가 있을 것 같습니다.

육신의 아버지 이 세상에 살다 가신 24578일
아버지 그림자 진 지 이제 8630일 되는데
오늘 아침에도 이 아들을 먹이시도다.

---

4) 다석은 생명을 숨으로 보았다. 그는 시간, 날짜, 햇수를 코끼리로 표기했다.
(1956.4.24.) 사람이 하루 2만5천번 숨을 쉬고 인생 70년 동안 6억2천5백만번 숨을
쉰다고 했다. (1955.7.6.)(박재순 『다석 유영모』 207쪽, 현암사, 2008년)

예수 숨 쉬는 우리

하늘에 계신 우리 아버지께 이르름으로
거룩한 길 가게 하시니 감사합니다.

말씀이 힘 되어 삶 윤택해지고
풍성한 생각으로 영의 양식 넘칩니다.

이어이어 이 예수로 숨 쉬는 우리
밝은 속알에 더욱 아버지 나라 찾아가는 발길 이어집니다.

아들을 뚜렷하게 하시고

요한복음 17장을 한 번 읽으면 8분 걸리고
1시간에 7번밖에 못 읽겠습니다.

집중하여 읽으면서 몸과 맘 맑고 청결하게 모시렵니다.
아버지여 때가 이르렀으므로 아들을 뚜렷하게 하시고
아들로 아버지를 뚜렷이 하게 하옵소서

아버지께서 아들에게 주신 모든 자에게
늘 삶을 주게 하시려고
온 씨알을 이끄는 힘을 아들에게 주셨음이로소이다.

늘 삶은 곧 오직 하나이신 참 하나님과
그의 보내신 그리스도를 아는 것이니이다.

사람 살리는 일에 힘쓸 때

참된 우리는 사람 살리는 일에 힘쓸 때
새 힘 솟는 샘이 마르지 않을 것이다.

이 한 말씀만 나에게 남아서
그리스도 전하고
누구든 얼빠진데서 벗어나
뚜렷이 나설 말씀 위에 서라

예수
뚜렷이
한울님 보시고
맨첨부터 내가 모신
아버지로 부르심

나도 이에 하늘 숨 쉬므로
뚜렷이 아들로 살았나이다.
말씀으로 사람 됩니다.

눈에 보이는 세계의 사진첩5)

빛깔 잘 가리는 이는 빛깔에 달라붙지 않고
소리 냄새 맛을 잘 가리는 이는
소리 냄새 맛에 달라붙지 않고

물건 잘 만드는 이는 만드는데 들러붙지 않고
방법 잘 쓰는 이는 수단 방법에 들러붙질 않습니다.
그 어디든 집착하지 않습니다.

예술가는 자기 작품에 도취하지 않으며
시인은 자작시에 해골을 누일 수 없겠습니다.
종교가는 자기 설법에 열반할 수 없을 것입니다.

사람들이 쏟아내는 시, 글, 말, 작품
이런 것들은 눈에 보이는 세계의 사진첩입니다.

혼의 명령 찾아가는 「생각」의 귀착점은
내가 나를 만날 때 비로소 받는 것입니다.

---

5) [금강경]에 나온 한시를 다석이 풀으심. 응무소주 이생기심(應無所主 而生其心) '응당
머무는 바 없이 마음을 내라' 혜능은 어려서 아버지를 잃고 땔나무를 해 팔아 어머
니를 봉양하던 가운데 어느 날 장터에서 한 스님이 [금강경] 가운데에서 '응무소주이
생기심(應無所住 而生其心)'이라는 대목을 읽는 소리를 듣고 홀연히 마음속에 어떤
깨달음이 있어 출가 수행할 뜻을 품었다. 어머니의 허락을 얻어 황매산(黃梅山)으로
5조 홍인(弘忍)대사를 찾아가 법을 전해 받고 선종의 제6조가 되었다.(출처: 네이버
지식백과)

돌아가오 암!

물질은 물질 세계로
정신은 정신 세계로 돌아가오

얼은 하나로 모아진
얼 세계로 돌아가오

암. 그래야 하지요.

사랑의 길

바탈 틀고 나와 맡은 사명 마침은
사람의 길

아름답게 마친 살림
힘차게 키워낸 얼

하나로 통하는 원대한 자아 이루며
터져서 나가라고 주신 사명

맛으로 맞이한 아내
껍데기 인생일지라도 잘 맞추어
사람 노릇하고 가게나

맨 꼭대기

모든 것에는 맨 꼭대기가 있으니
하느님 아버지이시지요.

하늘 한 곳에서 온 속알이 있으니
나 아들이니이다

고아원 찾아가는 길의 감회

금일 광주발 버스종점 옥동 도착해서
똑딱배로 나루를 건너니 벽파진이라.
암벽안갑상에 이충무공 벽파진 전첩비가 홀로 서있다.
소촌산재를 지나 고향 가는 고아소년은
소산협을 향하여 소로를 넘어 간다.

궁금함을 참다못하여 이 늙은이는
소년에게 어디 가냐 물으니
"나를 낳은 어머니도 내가 태어난 집도
여기에 다 있는 것이라요
우리는 우리 밥 먹는 집만, 우리 잠자는 집만 알아요
이 산을 넘어가면 우리집이 됩니다."라고 하는데

"산을 넘어야 우리집!"하고 말할 때
늙은이에게는 무슨 감회가 일어난다.

늙도록 모시다 어머니 돌아가신 오래 오래된 집
지아비 지어미 맞아 살던 집은 아들 딸도 길러낸 집
이승을 넘어가며는 큰 한 집을 보련만....

과연 소산을 넘어서니 삼골산이란 석산 전 정거장인데
전답이 보이며 목포 방면 바다풍경이 눈에 들어온다.

목숨 말숨

삶이 평탄하지 못하여
한숨 쉬는 사람아

한 숨마다 나무 자라듯
쑥쑥 자라나라는 목숨은
살라는 하늘의 명령

쉬어지는 숨이 아닌
말의 숨은 말씀
말숨6)으로 솟나라는 말씀

---

6) 숨은 영원한 생명에 대한 그리움과 열망을 담고 있다. 숨에는 목으로 쉬는 목숨, 말씀과 생각으로 쉬는 말숨, 위에 있는 하늘의 얼로 쉬는 '우숨'(얼숨)이 있다. 목숨은 몸으로 쉬는 땅의 숨이고, 말숨은 생각하는 지성(호모 사피엔스)이 쉬는 사람의 숨이고, 우숨은 얼이 하늘 위를 숨 쉬는 하늘의 숨이다. 몸과 맘을 곧게 하여 깊고 편하게 숨을 쉬면 목숨이 생각과 말로 쉬는 말숨이 되고, 말숨이 얼과 신으로 쉬는 '우숨'이 된다. 목숨 속에 말숨과 우숨이 담겨있다. 목숨에는 하늘을 숨 쉬는 우숨의 기쁨이 있다. 목숨을 통해 하늘의 원기가 뿜어져 나오는 기쁨을 느낀다. 숨은 위로 올라가는 것이고 올라가면 시원하고 기쁘고 신나는 것이다. 우숨을 쉬면 저절로 웃음이 나온다.(다석 유영모의 천지인 명상, 32쪽, 박재순 함인숙 지음, 기독교서회,32쪽)

섣불리 손대지 말고

산림에 관하여 현선생7) 말씀 듣다.
이끌려는 이여 섣불리 손대지 말고
제대로 두어두면 씨알은 살아나리다.

씨알된 이여
섣불리 산에 손대지 말고 제대로 두라.

그러면 우리 수풀은 살아나리다.
우리 수풀은 살아나리다.

---

7) 912년 평안남도 안주에서 안주군수였던 현도철(玄道徹)의 4남 2녀 중 3남으로 태어났다. 일본의 우치무라 간조(內寸鑑三)의 전집을 읽다가 임업이라는 학문에 전념하게 되었다. 1937년부터 기수로 정식 직원이 되었고 백두산 생태조사에도 참여하였다. 한국인으로는 최초로 임업분야 제1호 박사학위를 취득하였다. 1951년 미국 캘리포니아대학교에 파견되어 산림유전학을 연구하였다. 1952년 일제강점기 수탈과 6.25전쟁 후유증을 겪으며 황폐해진 조국 땅의 산림을 보고 가슴 아파한다. 이후 푸르른 녹색을 되살리겠다는 다짐은 현 박사의 천명이 된다. 미국 산림국은 현 박사가 개발한 리기테다 소나무를 황폐해진 미국 북부 탄광 지역에 심어 좋은 결과를 얻었고 미국인들은 리기테다 소나무를 '경이로운 나무(Wonder Tree)'라고 불렀다. 1982년, 식량농업기구(FAO)는 한국을 "2차 세계대전 이후 산림 복구에 성공한 유일한 나라"라고 평가했다.1963년 농촌진흥청장을 역임하였고 1986년 세상을 달리하였다.(한국민족문화대백과사전, 나무위키)

쭉 빠지는 살을 보며[8]

쭈그러드는 살 살피면서
안 죽으려는 맘 먹을 건가?

속 사람 날로 날로
새로워짐 살피다보면

솟아나 몸 벗을 날만
마음에 품고 서리라.

---

[8] 고린도후서 4장 16절. 그러므로 우리는 낙심하지 않습니다. 우리의 겉사람은 낡아가
나, 우리의 속사람은 날로 새로워집니다.

솟난 숨

힘이 나는 허리 힘줄 띠 바로 골라
빈 맘으로 드려야 힘을 바로 쓴다.

빈 맘을 드리려 하면
힘이 나는 허리 줄 띠 바로 골라야 한다.

땅에 묶인 더러운 때 떨어버림만이
거듭 솟난 숨9) 따름이다.

─────────
9) 숨은 몸(흙)과 맘(하늘)을 소통하는 것이다. 신의 생기(生氣)를 숨 쉬는 것이다. 숨은
   하늘을 향해 솟아오름이다. 하늘의 기운으로 물질을 영화(靈化)시키는 것이다. 숨을
   쉼으로 밥이 정(精)이 되고 정이 기(氣)가 되고 기가 생각과 얼이 되고 생각과 얼에서
   신(神)이 나온다. 목숨에서 말숨이 나오고 말숨에서 우숨이 나온다. 하늘의 숨을 쉬
   면서 한 발자국씩 하늘로 올라간다. 숨은 천지인 합일이다. (『다석 유영모의 천지인
   명상』, 32쪽, 박재순 함인숙 지음, 기독교서회)

숨 바다에 노닐다

마음 밝아 숨 쉬고
피 맑아 뱃심 차오른다.

목의 힘줄 띠 바로 잡고
숨 바다에 노닐다.

하느님은 내 머리 위에 계시고
내 속알은 빛의 빛으로 영롱하다

몸맘 씻은 이

물에 닦아 신은 신발은
돌만 딛고 걷고 지고

모래 흙 묻힐세라
먼지 때 밟을세라.

짓궂은 거죽 살과 피 씻어
몸에서 솟나 맘 씻은 이 되거라

낯을 안 보려들면

아담이 열매 따 먹고 나무 사이에 숨어
남의 낯을 안 보려들면 안 보나?[10]

모세가 이스라엘 사람들을 위하여
일부러 낯을 가리고 말할 때
그들은 말씀 바로 듣겠다고 했는가?[11]

고난당한 욥에게 해주는 위로와 조언을 듣고
친구들에게 말한다.[12]

너희가 하느님 낯을 따르고 나에게 변론하느냐?
하느님이 너희를 감찰하시면 좋겠느냐?
너희가 사람을 속임같이 그를 속이려느냐?
그가 너희를 책망하시리라.

---

10) 창세기3:8. 그 남자와 그 아내는, 날이 저물고 바람이 서늘할 때에, 주 하나님이 동
산을 거니시는 소리를 들었다. 남자와 그 아내는 주 하나님의 낯을 피하여서, 동
산 나무 사이에 숨었다.

11) 출애굽기 34:35. 이스라엘 자손이 자기의 얼굴에서 빛이 나는 것을 보게 되므로, 모
세는 주님과 함께 이야기하러 들어갈 때까지는 다시 자기의 얼굴을 수건으로 가렸
다.

12) 욥기15:8. 네가 하나님의 회의를 엿듣기라도 하였느냐? 어찌하여 너만 지혜가 있다
고 주장하느냐?

뵈는 만큼 딱 그 만큼

이미 내 속에 박힌 그림자
언젠 지우나요?

내 마음에 맺힌 사랑
문득 일어나지요

그러나 나는 내 님 뵈는 만큼
딱 그 만큼이지

아예 쳐다만 본다는 것은
님의 뜻 아니랍니다

우리 삶 또한 갈아 주오

말 가르는 논리를 발전시키면
물질을 만들어내고

물질 가르는 물리를 발전시키면
살아갈 말씀이 되오

참 말씀에 갈리고 갈려 나온 물질
우리 삶 또한 갈아 주오

사람은 물질 가르는 말로
함께 삶에 참여하리

그리스도록

만드신 하늘이오
그대로 두신 땅인데
이 세상에서 부딪히며 사는 몸

머리 들고 바라나니
얼 김 숨 삶
고개 들어 살려는 목숨
저버릴 줄 있으랴

부귀영화 땅에 버려둔 채
진리 찾아 날마다 써야할 터
이 몸 늘 가볍고 마음마저 맑을세라
만드신 맨 하늘 꼭대기에
아니 댈 줄 있으랴

오르고 오름이 삶의 오름이거늘
올 한 해 올바른 삶 살고
알 몸 먹혀 버리는 날 오면
얼 몸 되서 뵈오리라

거룩한 분 그리스도13)

---

13) 그는 기도(祈禱)를 기도(氣道)라고도 하였다. 숨님의 길이라는 것이다. 바람과 숨이
   하나인 것처럼 하나님과 나는 한숨으로 통하여 사는 것이다. 또 유영모는 성령을 숨
   님이라고 하고, 예수를 '이어이 수'라고 풀어 말했다. 수는 능력을 의미한다. 그리고
   그리스도는 '글이스트'라고 했다. 피아니스트라고 하듯이 글이스트라는 것이다. 글

모두 다 그리스도록!
모두 다 그리서도록!
이에 숨을 쉬는 이!

은 진리요 진리 자신이 글이스드다. 글은 그리움에서 나온다. 하나님 아버지를 그리
워하는 사랑에서 글이스트가 나온다는 것이다. "그리스도 예수"라는 그의 노래에서
는, '글 그리울 밖에 이어이 예수는 숨쉬는 한 목숨 이어늘 그 어록'이라고 하였다.
유영모는 그리스도를 한없이 사모했다. "그리움"이라는 그의 노래에서는, '그이 그
늘 그리움이 그날 끈이 우에 높고 저 밤낮 맑힘이 저녁 그늘 아래 깊더니 이 누리 건
네여 제 그늘에 든이라'. 어떤 때는 그리스도를 그리스도록이라고 풀어쓰기도 했다.
'때는 하루를 세어온 예순날 닷새 우리 해로 모르고 모르는 가온 데로 티운 우리 터
전에 예수여 그리스도록 우리 올흠 아아멘.' 또 그는 그리스도를 '글보리 옳에 타낳'
이라고 표현하기도 했다. 글은 진리요 보리도 진리다. 진리 옳에 태어나온 한 송이
꽃피라는 말이다. 글보리는 갈보리라는 말이다.(「유영모와 기독교의 동양적 이해」
다석 탄신 101주년 기념강연, 1991. 3. 9. 김흥호)

낯이 빤히 들여다보인다

낯을 가진 씨알들아
너희 낯이 빤히 들여다보인다.

너희 서로 부끄러워 붉힌 낯으로
서로 부딪힌 뒤에 내 낯을 외면하였다.

그래서 내 낯 볼까 봐 나뭇잎 쳐다보려드냐
이제부터는 누구든지 낯을 보고
판단하지 않을 것이다.

꼭대기

한 군데 붙어있지 않고 쏘다니는 나
들고남 없이 한 곳에 꾹 박혀있는 나

잘났노라 이리저리 가로 뛰고 나대는 나
얌전히 있으며 사랑 받으려는 나

그러나 맨 꼭대기는
너나없이 가 닿아야 한다.

곧아야 하겠소

맛도 좋아야겠지만 꼴이 빠져선 못 쓰오
꼴도 좋아야겠지만 말이 서야 하겠소
말도 좋아야겠지만 맘이 곧아야 하겠소

맛도 맘에 들은 맛이라야 하오니
곧은 맘에 들어가서야 말씀이 되오

고디라 고디라 하니 무슨 곧은 맘만 여기냐?
맨 위 꼭대기에 고디고디 닿은 정직이랍니다.

입에 맞아 맛이오 눈이 들어 꼴이지만
이른 바 어른들 눈에 맞는 꼴이란
제삼자 눈 시게 하는 꼴!
이른바 어른들 입에 맞는 맛이란
마침내 쓴 오이 맛이라 할 것이오!

이리저리 이어 나가는 누리는
새 씨알들에게 쓴 오이 뵈 듯만!
그리하여 옛 것 취하지 말고
새 맛 보고 고디되게 하소서.

제 때가 되어야

쓰고 살기는 쉽지만
몸 벗고 죽기는 어렵다

벗어지긴 잘 하지만
씌워있질 않는 거다

쓸 때나 벗을 때나
제 때가 되어야 한다.

묵은 글14) 15)

가만히 고운대로
맑은 글월이 보이거늘
사람살이 문명도
그럴 줄 믿었었다

세상에서 율법으로
묶고 묶고 묵으니

그 무게에 짓눌려
도저히 못 살겠노라.

---

14) 박월=의문=박아놓은 고정된 글월 즉 율법

15) 로마서2장29절. 오히려 속사람으로 유대 사람인 이가 유대 사람이며, 율법의 조문
을 따라서 받는 할례가 아니라 성령으로 마음에 받는 할례가 참 할례입니다. 이런
사람은, 사람에게서가 아니라, 하나님에게서 칭찬을 받습니다.
로마서 7장 6절. 그러나 지금은, 우리를 옭아맸던 것에 대하여 죽어서, 율법에서 풀
려났습니다. 그래서 우리는 문자에 얽매인 낡은 정신으로 하나님을 섬기지 않고, 성
령이 주시는 새 정신으로 하나님을 섬깁니다.

꼭지도 못 뗀 사람

쭈그렁 밤송이가 삼 년째 뒹굴듯
꼭지도 못 뗀 사람이 쉰 해 넘도록 살았다.

얌전하고도 착실해 보이건만
언제쯤 제 꼭지 뗄 지 모르겠다.

천년 만년 살아보렴
불로초 인생 믿는 어리석은 사람아.

아름아리

아름아리 아름다운 진리 알아야 하고
가름가리 가야할 길 알아야 하네
제 갈 길 아는 것이 인생의 도리

가리가리 갈 길 잡아 사리사욕 차리고
아름다운 자리태 요리조리 보고있네

사람아
너는 말씀으로 알아가야 하느니라

뒤집힌 세상 일

낮은 낮아서
코 아래 일만 좀스럽게 밝히고

밤은 바람이라
위로부터 받은 바람 가지고

높은 정신세계 받는 이는
받들어 쉰다.

뒤집힌 이 세상 일 가름하여
바로 잡을 방법이 있겠는가

우리 님은 숨님

우리 님은 숨님
참 숨 쉬며 살아가네

일찍부터 옛적부터 우리 님 계셔서
아들 예수 맘은 여기16)에 있고
아버지는 저 하늘에 계시다.

성령 맞으신 예수 기도하시기를
'제자들도 다 하나가 되어
우리 안에 있게 하소서'하셨다.

---

16) 우리는 예(여기:상대계)에 붙은 것이 아니다. 계(거기:절대계)에서 예로 잠시 출장
   온 것이다. 계로 가려면 맘을 비워야 한다. 삶이란 마침내 꿈꾸고 마는 것이다. 꿈
   을 깨자고 하는 게 바른 생각이다. 나는 하느님을 생명의 근본으로 진리의 원천으로
   믿는 것이지 창조주로서 믿는 것은 아니다.(박영호 『다석 유영모 어록』, 74~75쪽,
   두레)

내버려두고 보는 가운데

목숨 쉬는 무리들도 우리 우리 하긴 하지만
목구멍은 두 구멍
먹는 구멍과 숨 쉬는 구멍
두 구멍이지만 목구멍이라 한다.

둘인 나 너가 우리로 여겨져서 가는 건
이처럼 여러 가지로 쉬운 길이다.
둘이 하나되자고 뭉쳐서 하나 되자 소리친들
가락은 맞으나 제대로 맞지 못한 채로
오랜 세월 지나버렸나이다.

무엇을 쏘려고 한 알로 뭉친 것은 총알이 아니냐?
그래봤자 총알 자체가 산산조각 나고 말 장본인 아니냐?

모든 것 절로 저절로 되게 내버려두어 볼 것이니라.
한참만 그렇게 내버려두어 보면
모든 것이 제대로 되어가는 것을 너희가 보리라.
그러니 한참을 못 참아서야 되겠느냐?

『우리』라는 것은 너희 같은 좀씨까지도
또 한참 내버려두고 보는
가운데 길로 가는 여정이 아니겠느냐

육당 최남선 부고를 보고[17]

아, 언니 세상 떠나신 소식 들었습니다.
지고 지던 무거운 짐 내려놓으셨습니다.

아, 언니가 보이신 걸음 어찌 따라갈 것인가!
아, 언니가 보이신 길은 멀찍이 열 길이나 되옵니다.
이 날에 우로 떠나셨으니 이걸로 끝이시니이까?

이 땅의 궂은 짐도 이 민족의 무거운 짐도
"우리가 져 봐야 안다" 하시더니 먼저 지셨습니다

높은 데 볕이신 언니를
내가 참으로 찾아갈 수 있을까요?

---

17) 육당 최남선의 부고를 보고 육당과 떨어져 혼자 남았다고 생각하시면서 쓰신 글. 언니로부터 받은 건 많지만 다석 자신이 자기도 세상을 떠나버릴 날이면 어지간하게 내디딜 수 있을까 하는 맘이 읽혀진다.

최남선(崔南善, 1890년 4월 26일~1957년 10월 10일)은 대한민국의 문화운동가이다. 아명은 창흥(昌興), 자는 공륙(公六), 아호는 육당(六堂)이며, 본관은 동주(東州)이다. 1908년 이광수와 함께 소년지를 창간했으나 한일 합방 후 일제의 압력으로 폐간, 1912년 이광수의 도움으로 《붉은 저고리》, 《아이들 보이》, 《새별》, 《청춘》을 발간했으나 일본의 압력으로 폐간당했다. 1919년 3.1 만세 운동 당시 민족대표 49인의 한 사람으로 참여했고, 기미독립선언서를 작성, 낭독하였다. 3.1 운동을 사주한 혐의로 투옥되었다가 투옥, 1921년에 석방되었다. 1922년 동명사(東明社)를 설립, 주간잡지 《동명(東明)》을 발행하였고 1924년 《시대일보 (時代日報)》를 창간, 사장에 취임했으나 자금과 총독부의 압력 등으로 폐간, 1925년 동아일보의 객원과 조선일보 객원 논설위원을 지냈다. 1927년 총독부의 연구비와 생계 지원 유혹으로 조선사 편수위원회에 참여하면서 친일 성향으로 전향하여 논란이 되었다. 그러나 그의 친일 행적은 적극적인 친일이 아니라는 반론이 1950년대에 장준하 등에 의해 제기된 바 있다. 1957년 10월 10일 뇌일혈로 별세한 그는 일제 강점기 시대 동안에 이광수, 홍명희와 더불어 조선의 3대 천재로 대표되었던 인물이다. (위키백과)

밝은 곳 바탕 트셨고 마침내 한얼김 들어가신 언니!

가장 작은 아우정도인 나는 이끌림이 퍽이나 많답니다.
이 아우 짐 다 지고 세상 떠날 때는
어지간히 언니 뒤쫓아갈 수 있을지요.

신의 골짜기

우리 님은 숨님 숨님은 숨은 님.
이제 우리 쉬는 숨은
숨님께서 스며나와 싸웁니다.
공자도 이런 말을 했습니다.
「그이의 갈 길은 싸움이면서 숨었나이다」

얼골은 얼굴 골짜기
얼의 골짜기 신의 골짜기로 들어가거든
그이의 얼을 맞나보도록
찾으란 것인가 합니다.

낯은 낮에만 보이는 낯인데
이 낯을 가장 높이 보고
더 알게 없어서 좋다고 들이대면
나비가 불에 덤벼들다 떨어짐과 똑같이
떨어지게도 될 것입니다.

낯은 얼굴 골짜기입니다.
얼의 골짜기로 찾아들어가
신의 얼굴을 만나야 하는 곳입니다.

밤은 오히려 바랄 수 있는 때입니다.
하늘 글월은 밤에 바라볼 수 있고
하늘 소식을 짐작하게 됩니다.

낮은 낮아진 것, 작아진 것이오니
낮은 낮에만 쳐들어야 보이는 것입니다.
만물과 만 사람이 각자 자기가 잘 났다고
낮 들어 보이는 낮에
많고 많은 조무래기들이 다투는 것이
백주 대낮이라는 것입니다.

하늘 낮이나 사람 낮이나
남의 낮을 얼의 골짜기로 알아서
찾아들어가야 할 문인 줄 모르고

'아름다운 낮이구나! 좋다,
다 왔다, 인젠 만났구나' 하게 된다면
그것은 더 얕아져 떨어져가는 길입니다.

예수께서 이 세상을 지나가신 것도
「사람의 모양으로 나타나셨으매 자기를 낮추시고
죽기까지 복종하시었다」 하지 않았습니까?

노릿거리로만 여기고

물건을 그림으로 그려내는 사람은
물건을 만들어내신 계심에서 어찌 되나?

풍악을 울려서 울림 내는 사람은
맨 처음 소리를 내신 세상에서 어찌 되나?

글월 알아서 쓰는 사람은 그 계심에서 어찌 되나?
말씀 쓰는 사람은 한 뜻 계심에서 어찌 되나?

우리 생각은 그 계심에서 어찌 되나?
이에 예수는 시인이 되어 「아빠의 아들」이 되셨다.
그러면 그림, 울림, 글월, 말씀, 생각 등은
아들이 아버지께로 돌아가려는 대로
가장 가까이 뚫리려는 길의 열림이거늘!

이제 철없는 양자들은 집으로 돌아감은 잊고
길바닥에서 판을 차려
그것들을 좋은 노릿거리로만 여기고
저희들끼리의 짓거리로만 알고 세월 보내는 일은
참으로 큰일인가 싶다.
온갖 짓거리도 아버지 섬김으로만 올라가리라.

하면 된다는 건 거짓말

'하면 된다'는 말이 하늘의 때, 땅과 사람 도움없이
제가 나서서 해 놓겠단 말이면
그것은 큰 거짓말입니다.

마치 '숟가락질하면 먹는다'는 말과 같습니다.
여름도 가을걷이도 안 하고
낟알 다루기도 밥 지음도 없이
숟가락질로만은 못 먹을 일
곧 안 되는 거짓말입니다.

'아니하면 안 된다'는 말은
'못된 일을 아니하면 죄는 안 된다'
씨 안 심으면 열매 없다는 뜻으로 참이오,

일을 이루거나, 깨지게 하거나간에 틈이라도 나면
꼭 할 일이란 뜻으로 참 말이오, 된 말입니다.

만사 밀고 밀어 알게 된 말씀은
그대로 믿고 가지지 못한 것이
많은 사람들의 걸음걸이였나 봅니다.

예로부터 죄 될 일 아니하면
죄는 안 될 것을 다시 하고 하고 하여
이날까지 죄된 누리로 살아왔나 봅니다.

멀쩡한 큰 거짓말인 '하면 된다'는 말은 속고 속고 또 속으면서도
그 소리만을 따라서 걸어간 이가 많았나 봅니다.
대대로 괴수가 튀어 나와서 '하면 된다'를 들고 나왔습니다.
혹, 하늘 땅 사람을 못 얻으면 되느냐? 따지려는 이가 마주 오면
곧 대답이 '못 생긴 것 같으니! 그런 못난 소리는 집어치워라'로
단호하게 훈육을 한단 말입니다.

'하면 된다'는 말 안 믿는 놈들을 떨치우고
훈육이 곧 된다고 합니다.
그러면 한 때는 온누리가 '하면 된다'는 신자들로
대국을 이루어가지고 곧 믿음 소망 사랑을 거두겠다고 합니다.
그런데 다들 속고 나서야 '되기는 뭐가 돼!'로 돌아옵니다.

나폴레옹은 '불가능은 없다'는 말을 하고
카이젤은 '때가 안 맞으면 하늘로 최후통첩을 하겠다'고 했습니다.
이런 큰 거짓말은 영웅 주둥이로나 잘 하는 것입니다.

온 땅덩이 위에 거미알 헤집듯이 있는 씨알들이 있습니다.
그런 도깨비 노름하는 데 불려 다니는 것은 그만 두고라도
씨알 하나 하나가 또한 '한판 따기만 하면 된다'
'밥 한 숟갈 먹기만 하면 된다'는 노름입니다.

우리 다같이 소리내서 부릅시다.

'하면 된다'
여태껏 모자란 말 쓰네.

'아니 하면 안 된다'
끝까지 참 말씀이요!

철나자 젊음

풀이, 푸른 풀 따위로
하늘 푸름이 다 흐리면 닿을까?

그가 늘 거느리시며
우로우로 불리어 부르시나니
늘 그를 그리워 물으며 물로 흐르다가
부름에 불리어 푸른 하늘로 풀리우리

늘 그가 늙은이.
두고두고 서고 스스로 절로 살아가는 늙은이
그가 물으면 뭐라 하리?

해 저물도록 절로 저물어서 젊음 찾으니
늦게라도 철나고 속알차서 젊음이라 하소서.

우로 우로 옹글게 옹글게

그는 늘 언제나 그 님이시다.
미음이 앞서 나가면 비읍이 되고
비읍은 피읍으로 변한다.

물고 불리고 풀어내어
우로 우로 우로 올라가므로
옹근 육신이 충만하게 옳게 나아갈 일이다.

참으로 서서 나아가면
절로 참 진리 찾아 옳게 되네
님 머리에 모시고 나가매 옹글게 살아가지네

참고 참아 참아 참에
못 다 이은 그릇도 밀어내어
믿음 끝에 옹글게 결실하네

우리 한울에 계신 그이여
이어 이예 예수의 숨 쉬는 우리
거룩 다 그립다
그리 서도록 아멘!

냅다 밀어붙이는 것이 말 됩니까?

어찌 어찌 하여 짐승에 떨어졌으나
얼 깨어 오르란 말 하며 서서 나가는 사람이니
부디 정신 차려서 여기 좋다고 하는
음탕한 짓 말지어다.

들입다 먹고 냅다 밀어붙인다면
뭔지 탐스럽게도 들리고
쾌활하게도 들리지만 아닙니다.

더 떨어지고 서로 더욱 떨어뜨리기만 합니다.
입하늘은 밥하늘이요 아래턱은 두 손 위에 있고
입하늘 움직일 때 복 가지고 내려오는 천사 봐야 하고
아래턱 움직임을 두 손 우로 들어

제사 음식 받들듯이 먹을 때
확실히 음식 맛을 음미하도록
정성스럽게 먹어야 합니다.

농부들의 수고와 공로를 깊이 생각하고
먹는 것만을 도모하지는 말아야 합니다.
음식의 참 진리 알아야 진정한 의미를 찾을 수 있습니다.

사람은 들입다 먹는 게 아닙니다.
아직 몸을 입고 사는 동안은

요기 채우는 끼니는 지켜나갑니다.

하루 한끼 먹는데 식사는 제사입니다.
영과 진리로 예배하는 날엔
모든 음식 맛보는 것도,
제사도, 묘당도, 성만찬도
모두 겉모습 벗어 버립니다.

가톨릭에서 미사 올리거나 성찬 하는 것들은
복 받으러 달음질쳐 나가는 것이고
그저 복 잡으러 나가게 만든 제도입니다.
이런 제도는 진정으로 들려야할 예수와 사람들을
못 들어가게 만들어서
빈들에 불뱀18) 들끓고 사람 사는 산에는
구리뱀 걸린 데를 찾아다니나 봅니다.

술 취한 지아비가 지친 지어미 껴안고
냅다 달려든 것이 자식 갖게 한 것이라면
다시 생각해봐도 아름답질 않습니다.

---

18) 민수기4:6~8 그러자 주님께서 백성들에게 불뱀을 보내셨다. 그것들이 사람을 무
니, 이스라엘 백성이 많이 죽었다. 백성이 모세에게 와서 간구하였다. "주님과 어른
을 원망함으로써 우리가 죄를 지었습니다. 이 뱀이 우리에게서 물러가게 해 달라고
주님께 기도하여 주시기 바랍니다." 그리하여 모세가 백성들을 살려 달라고 기도하
였다. 주님께서 모세에게 말씀하셨다. "너는 불뱀을 만들어 기둥 위에 달아 놓아라.
물린 사람은 누구든지 그것을 보면 살 것이다."

차라리 잊고 싶습니다.

에덴에서부터 쫓아온 뱀이 달래지 않으면
벌써 옛날에 잊었을 것인데
정신 차린 지아비 지어미가 있어
사람 씨 참 잘 심으려면
천만에! 냅다 밀어붙이는 것이 말 됩니까?

할 수 있다 해도 다치지 않게
가장 고이 『보낼』게 아닙니까?
이런 새로운 마음 가진 「아이 아비」 생겨난다면
과연 인자한 아버지일 것입니다.

이날까지 거짓으로 살아온 세상아 깨우쳐라
효자 났다고 표창하는 짓 그만두고
조상 덕에 인자한 아비되는 것은 싸서 두어라.

울지 않고 어찌 하렵니까?

우리가 적혀있는 이야기 성경을 가지고 읽으면서
올라가시려는 이들은 웁시다.

아니하면 안 된다고 하는 이들은
참 말씀을 믿지도 좇지도 아니한다고 하고
하면 된다는 이들은 큰 거짓말을
들입다 받아먹고
냅다 싸갈기며 살아왔습니다 그려.

인제 울지 않고 어찌 하렵니까?
인제도 오를 이 없이 떨리오리이까?
될 일 해서 된 하늘이오
못된 일 해 대서 못된 땅입니다.

우는 이는 조히 있나니
저희 맘이 삭아 내릴 것임이오
웃는 이는 언짢을 것이니
저희 맘이 부대낄 것입니다.

맘은 겸손히 아래로 내리고
머리는 위로 들어야 성합니다.
맘이 교만하게 올라가면
머리는 거꾸로 박힐 수 밖에 없습니다.

알음장 얼음장 올음장

'오'에다 '아이' 붙이면 왜가 돼.
오! 아이야
왜? 물으면 옳은 옳이 위에로

흰구름 위로 높이 띄운 해 바라보면
자빠져서 봐도 편안하건만
하늘에 빠진 달이 담긴 물 굽어보니
아득하고 무서워.

우리는 우러러 하늘님 계신 그곳에 올라
그분 뵙고 절하는 것이 옳으니

알게 되어 알음장
알게 되니 올라가서 올음장
올라가니 얼 만나 얼음장

오름장 못 읽는구나

옛날에는 재주많은 문장가, 오늘날엔 문학청년이라 하는데
이들이 부족한 탓에 주색잡기에 뜻을 둔 듯이 살아갑니다.

그들이 먹는 것도 잊고 주색잡기 멀리 하면서
세상 바로잡기에 전력하겠다고 나서겠다는 말입니까?
이를 누가 보증하리오!

물에 비친 달은 곱다하면서 그 물은 우습게 여기게 되는 것은
사람이 만든 얼음 한 장 정도 같은 짓거리.
우로 오르는 오름장을 못 읽는 이들이며
이들이 '어름장'인가 합니다.

배움에 살고, 사람 살리기를 제 세상 맞이하기까지 해야 합니다
소강절[19]이 말하기를
"군자의 배움은 자신을 윤택하게 하는 것이 근본이며
정치나 세상 일은 자신을 윤택하게하고 나서의 일"
이라고 하였습니다.

---

19) 소강절(邵康節) 또는 소요부(邵堯夫)라고도 한다. 성리학의 이상주의 학파 형성에
큰 영향을 주었고 18세기 유럽의 철학자 라이프니츠의 2진법에도 영향을 주었다.
본래 도가였던 그는 여러 번 관직을 제수 받았으나 모두 마다하고 허난 교외의 초라
한 은둔처에서 친구들과의 교유와 명상으로 세월을 보냈다. 〈역경易經〉을 공부하다
가 유교에 관심을 가지게 되었다. 불교에서 겁이라고 하는 주기를 그는 원(元)이라
고 부르고 그 순환주기도 원래의 천문학적 기간을 줄여서 12만 9,600년이라고 했다.
이 사상은 나중에 모든 성리학파에 의해 받아들여졌으며 12세기 송(宋)나라에 들어
서는 주희(朱熹)에 의해 관학 이론의 일부가 되었다.(위키백과)

또 "사람은 반드시 속알 밝혀 담은 뒤에는
기쁨이나 성내는 일도 잘못하지 않고
장관일을 보거나 홀아비가 됐거나 지식이 많다 할지라도
매사 아무렇지도 아니함 같이
여일하게 하아야 할 것입니다.

속알 밝히고 밝히면서 우로우로 올라감으로
오름장 가진 이가 되어야 합니다.

얼 찾는단 말

얼 찾아보려는 사람이라면
나와 사귄 얼굴이다

세월 가니 낯 낡았고
달 지나가는 사이 낱낱이 닳아빠진다.

낳아서 낯 날 체면 차리는 얼굴로
얼 찾는단 말 못 듣는다

낮에 마주한 낯 보고 고인 사이에
낡았다면 달갑지 않다

철철이 세월 가니 얼굴 몰라보네.
얼 정신 차려야 하는 때를 못 보는구나.

찬 바람 참 바람

해와 달은 민낯인 자연이야
제 안에서 돌아가고
나는 나직한 땅 위에서 돌아다니네

이 낯 저 낯 찾아
낱낱이 살살 기어다니고 핥아 먹네

찬 바람 맞으니 참 바람 맞을 수 있을까
밤이슬 맞고 다니니 단꿈 꿀 수 있을까

죽음! 구름 뚫고 솟다

살라는 목숨줄에 시키심 계셔서
빈탕한데로 나들이 간다.

아들 노릇하며 꿈만 꾸니
지루하냐?

참나 불러들이고 오너라.
죽음! 구름 뚫고 솟다

죽어도 살아도 아바디[20]만!

죽어지면 없어지는 것인데
살아서는 가져봤던가

가져 봐도 못 쓰겠고
모른 체도 못하는 너

나는 나 밖에는 없고
죽어도 살아도 아바디만!

---

20) 유교의 핵심은 효(孝) 사상이고 부자유친이 유교의 전부이다. 그는 기독교를 부자유
친의 완성태라고 본다. 예수를 효자의 극치로 보며, 하나님을 아버지라고 부르는 데
서 신앙의 본질을 찾는다. 그가 운명하기 전 마지막으로 한 말은 "아바디"였다. 여
기서 '아'는 감탄사, '바'는 밝다는 빛의 구현이며, '디'는 디딘다는 실천의 삶을 의미
하는 것이라고 한다. 하나님의 뜻을 실천하는 삶. 이것이 동양의 특징이다.(다석 선
생 탄생 101주기 기념 강연 「유영모와 기독교의 동양적 이해」 김흥호, 전 감리교신
학대 교수)

하지 마

'해롭지 않지'라고 생각하지만
말이라도 쓸데없이 하지 마!

'해롭지 않지'하고 말 하자
해로움이 나타난다.

낮

이 땅에 태어난 나는
스스로 움터나온 낱알[21]

낳아서 낮은 낮을 이어온 낮이오니
맑게 갠 하늘 낮도 사람 낮도
참 빛은 아니로소이다.

참 빛은 하느님께로만 오고
빛깔 바탈 털어 속알 나와야 해.

---

21) 난 (날 生生), 낱(낱개, 개개인), 낳움(낱이 움터)

빛깔

비치는 빛에 빛깔 바탈 나타나
우리 속알 가득찬 빛의 아들
참 빛은 하느님께로만 오고
빛깔 바탈 털어 속알 나와야.

처음과 마지막인 빛의 아들
돌이킬 일이라면
참 빛인 님께로 나아가자

그 참 빛인 아들 여윌 줄
누가 알았겠는가?
그럴 일은 없었습니다.
아아 아멘!

아직 얼굴은 좋다

어차피 죽을 텐데 아직 얼굴은 좋다.
늙은 낮 가지고 살려는 궁리만 한다.

깊은 주름 먹은 나이
남은 해와 달빛이 약하구나

지난 일 들쑥날쑥한 역사
이 모습을 만들어 놓았구나.

나는 살아있는 옛날 아이!

뱀 대가리에 혀 두 갈래 -독을 낼 혀와 맛을 낼 혀!
주둥이에 살긋 하나 -나름 하는 말이 「맛있다!」

맛은 혀끝이 보는데 왜 온 나라가 들썩일까?
맛은 입에서 보는데 왜 온 나라가 기울일까?

또 맛 때문이라면 이왕 맛난 맛을 길게 두고 보지!
왜 좀 하다가는 놓쳐서 네가 모른 채하려고 하고
고개 너머로 보낸단 말이냐?

또 너! 그렇게 좋다던 맛을 보내고도
왜 너는 거기 묻어 가 버리지 않느냐? 말이다!
요 꼴 보기 싫어하는 놈!

혀는 온 「나라」를 그르치는 한 좀팽이!
입은 그 몰래 맛을 내는 굴 속!

사람아 「나라」를 말아먹으려느냐?
「나라」를 하면서야
어찌 뱀대가리의 혀가 되겠느냐?

온 누리 놈들처럼 주둥이의 살긋 고것에게
끌려가다가 거꾸러지는 거냐?

사람아 사람이라면 네 걸어갈 길을 다시 이르노니 들어라!

맛보기나 앎맞이를 넘어서 진정한 맞이에 나아가야하고
맞이에 알맞게 나아가서는 마침이 있어야 하는
네 맡은 길은 알마지 길이니라.
'나'라고 하는 '나'노릇하는 건 뚜렷한 길이니라.

잠잔 맛 믿는 맛

잠잔 맛은 깬 뒤에나 아는 것이나
믿는 맛은 앞서서 보고 느끼는 것.

맛보기로 맛붙어 다니면
얼떨결에 벌벌 떠는 겨울을 만나리

맞맞이 마주 붙어다니면 달콤하지만
뒤에 모자라는 건 뒤에 가 봐야 알아.

밖으로만 잘할 판

똥싸 뭉개는 더러운 누리 세상
내버려 두고 맡기면
되로 막을 것 말로 막을 셈이다.

속으로 속으로는 못된 짓 하면서
밖으로만 잘할 판이다.

영으로는 벌써 죽은 놈
뒤 못 보다 죽더라.

큰 소리 잘 치는 게 영웅

하늘의 도움으로
사람 일도 고루 이뤄진다

밥알 한 알, 실 한 오라기도
마찬가지 아닌가

이런 은공 모르는 사람 나와서
무조건 '하면 된다'고 외친다.

참으로 믿고 따라간 이

이때껏 떠들어대는
'하면 된다'는 거친 소리는
순진한 속알 훔쳐내는
힘 가진 이들의 외침

아니 하면 안 될 일
누군가는 해야될 일 하고자
어머니 맘과 아버지 뜻을
참으로 믿고 따라간 이

하나님의 아들,
그리스도인가 하노라

땅에 있는 이 아버지

아버지, 우리 아버지는
나를 우로 끌어내셨다.

나를 아래로, 깊은 수렁으로
떨쳐 내친 이는 아버지가 될까?

땅에 있는 이 아버지는
아버지가 못 된다는 말이다.

그리스도시여
참이십니다.

모름을 받들어

님의 된 일은 받들어 알고
인제 될 일은 모름을 받들어[22)
지켜나가야 해

아니하면 안 되는 일은
밝히 알아서 하고 본다.

하면 된다고 외마디 치며
님 업신여기는 한 소리 한다.

---

22) 사람은 하늘에 머리를 두고 산다. 사람은 머리(이성)로 하늘을 탐구한다. 하늘은 가
도 가도 닿을 수 없는 초월의 세계요 모름의 세계다. 사람은 모름의 세계인 하늘을
탐구하고 하늘과 사귀고 하늘로 들어가려는 존재다. 하늘을 생각하는 이성과 하늘
과 사귀는 영성이 통합되어야 한다. 하늘을 향해 올라가는 생명은 본래 이성과 영성
을 통합하자는 것이다. 하늘을 향해 곧게 섬으로써 하늘을 머리에 이고 하늘을 가슴
에 품음으로써 하늘의 보편적 진리를 생각하는 이성과 하늘과 사귀고 하늘로 들어
가는 영성이 생겨났다.(『다석 유영모의 천지인 명상』, 박재순, 함인숙 지음, 기독교
서회,62쪽)

좋고 좋다

없으면 없어 좋고 있으면 있어 좋다.
빈탕은 뚫려 좋고 바탕은 가려야 좋다.

잠 들어 모르니 좋고
깨어나 알아차리니 좋다.

앞 가리니 앞으로 더 가려고 하고
모르면 모를수록 더 알려고 한다.

너머? 저 너머?
가려는데 앞 가리지 않느냐
알려는데 알아지지 않으니 속알이 하냐

그만! 이제 그만!
그냥 둘 다 내버려 둬!

자기 된 대로 가야하고
날이 저물도록 되려고 하였지만
되지 못한 너 될 꿈

자신이 되도록 깨어나 보렴.
님 찾아 올라가렴.

마침내 님 만났으니
좋고 좋다
참 좋다!

속이 성해야

풀 나무는 밑이 충실하고
풀 잎사귀가 싱싱해야 살아있다지만

사람인 나는 머리가 하늘로 솟고
속이 성해야 살아있는 것이다.

하느님과 나, 나와 하느님
가온데 하나된 길 두리라.

깨를 줍냐

둘의 위는 하나인데
하나밖에 없는 하나를 왜 버리고
셋 넷 다섯 암만 세어도 깨는 깨다.
많이 있다면서 그까짓 깨를 줍냐.

맨 먼저 그릇 깨부수며
스스로 그리 서신 그리스도의 길을
멀다않고 한 걸음에 달려가야 하지 않겠느냐

마침의 삶

나장 가장 마장의 첫음은 나가마
나가 가를 만나면 마가 된다
ㄴ과 ㄱ을 합치면 ㅁ

사리 자리 차리의 첫음은 사자차
사가 자를 만나 차가 된다
ㅅ과 ㅈ을 합치면 ㅊ

나가마 사자차는
이룸으로 나아가는 길의 세 단계 삶

나가마는 가온찍기 세 단계 삶이고
사자차는 이 땅에 태어났으니 잘 살자는 이야기 23)
삶생生 잚장長 참성成

나가마 삶을 살든 사자차 삶을 살든 모두 참의 길
정신 차리고 마침의 삶을 잘 살아가자

___

23) "가온찍기는 나를 보는 거고 나를 보는 거울은 경, 말씀이다. 가온 찍기는 말씀 풀
이다. 말씀에 점찍고 모든 말씀이 나로 압축된다."(유영모 『다석일지』 영인본 상,
735-736쪽, 1982) 가온 찍기는 나 자신에게로 돌아 생각함으로써 자신을 불태우
는 것이다. (박재순 『다석 유영모』 139쪽, 현암사, 2008년)

세상에 내치신 뜻

낮에는 이 세상에서 사는 재미에
놓여나 보이려는 생각은 없잖은가?

꿈 속에서 하늘 맛을 보고
마음껏 날아다녀 봅니다

나를 세상에 내치신 뜻은
높이 올라오라 하심으로 받아들입니다

한 번이라도 놓여 봤더냐

광복절에 다시 미국에 팔리었지
누가 정말 한 번이라도 놓여 봤더냐
놓여보인들 높아 보일 뿐이다.

얽어맺던 틀 끼고 갈까.
아우들 딛고 넘어선다고
또 한 자리 높았다고 하랴.

이 세상에서 아웅다웅 하지 말고
높이높이 올라가자.

착각하며 살기 때문에

참인 하느님이 계셔서 우리를 빌어 주시네
있는 이에게는 없이 여겨지신다.

모든 것을 모두 알아서 하시므로
우리 빌어 아는 이에게는
아무 것도 모르심같이 여겨지며
온 가지를 옹글게 하셔서 우리 빌어 하는 이에게는
하나도 아니하심같이 여겨지나이다.

이렇게 계시며 이렇게 아시며 이렇듯 하시는
우리 아버지 하느님으로서 어찌 떠난 아들된 우리는
이제 빌은 길로 꿈을 꾸면서 나아가야 한다.

우리가 이것을 「있거니」 「알거니」 「행하거니」
착각하며 살기 때문에 우리가 이 꿈을 깨고 빌은 것을
그제야 참, 아버지 안에서 있고 알고 행하나이다

우리가 참 살 것인 줄을 모르고
도리어 없어지고, 모르고, 못 하는데
바꿔 말하면 아버지와의 삶이 없는 데로
가지는 것인가 하고 시름하나이다.

우리 아버지여 아들을 이 꿈에서
뚜렷이 깨워 주시옵소서. 아멘.

누구나의 꿈

값이 없이 꾸어준대도
꿔준 김에 죽음까지 책임지라하네

꿈 빌릴 생각 아예 말고
제대로 하느님께로 돌아가리로다

죽음을 큰일로 알고
꾸는 사람은 누구냐?

하느님께로 가는 꿈은
큰일도 아니고
누구나의 꿈인가 하노라

4장 • 누구나 알듯이
1958년 11월3일부터

누구나 알듯이

있이 있으면서 하도 많이 있고
언제 어디서나 누구나 알듯이 있지만
없는 것이다.

없이[1] 또한 있고
언제 어디서나 누구나 모르니
우리는 없이 있다는 걸 믿는다.

하늘님 하느님 다 계시다는 건
사람이면 너나 할 것없이
제게서 저절로 알게 되는 것이야!

---

1) 하느님은 없이 계시는 이다. 없으면서도 계신다. 사람은 있으면서 없다. 있긴 있는데
   없이 계신다. 어떻게 우리 아버지처럼 없이 있어볼까 하고 힘쓰는 것이다.(박영호
   『다석 유영모 어록』 74~75쪽, 두레)

있는 걸까? 없는 걸까?

우리가 있다고 함은
여기 있는 걸까? 없는 걸까?

여기 있는 건 있다가 없어질 것
늘 있어서 여기엔 없는 듯 보이는 것
여기 있다는 건 헤지고 헤진 먼지의 끄트머리

없이 있고 있이 없는 것은 하나
있고 없음은 하나
이것을 알아야 하는 우리!

우리가 꺾인단 말인가?

틈새로 흐르는 게 더러워 보여서
씻고 닦았더니 퍽 곱다! 만지기 좋다.

피어 올라가는 모습이 갸륵하다.
꽤 폈다며 꺾어보고 꽃이란다.

맑게 하려는 뜻도 있는데
함부로 흘리는 버릇도 나온다

우리는 꽃처럼 피어나려다가
어느 순간 스스로 꺾어 버리느냐?

우리가 꺾인단 말인가?

어찌 둘이랴

돌이나 나무는 깨끗하고 살과 피는 더럽다.
살과 피는 갸륵하게 보고
맘과 뜻은 거짓되다.

뜻과 맘 맑게 하여 살과 피 드리니
살과 피 쓰임 받아 흙과 돌 닦아지네

한 뜻으로 쓰임받기로는
더럽과 깨끗함이 어찌 둘이랴.

있과 없 사이

있는 사람끼리 누리며 살잔다
있는 사람은 땅에 붙어서 사랑하며 살잔다

있는 사람에게 있음으로 미운 사이가 되면
없이 있는 듯 가라며 없애겠다고 한다

있는 것을 없게 만들고
없는 것을 있게 하는 분은
하나님 한 분밖에 없다

꿈에서도 걱정은 싫거든!

이보오, 이승이 꿈인 줄은
알면서 걱정하는가?

꿈의 꿈 속속들이
꿈에서도 걱정은 싫거든!

꿈이란 실없는 친구
이승이 싫거든 꿈이나 꾸라지!

결혼한 지 마흔 넷쯤에나

꾸어꾸는 꿈인 바에야
좋은 꿈들을 꾸고 지고

나 좋고도 남 좋은 꿈인가
남이 다 좋은 꿈이면
나 또한 좋은 꿈인가

잠 들자 아내 꿈꾸고
깨어날 땐 엄마 꿈꾸네

결혼한 지 마흔 해가 넘어가니
아내도 좋고 엄마도 좋고
만사 좋기를 비는 날이 왔네.

있으나 없으나

있는 것이 하도 많이 있다 해도
없는 것이요
없다고 해도
맨 처음부터 늘 있는 것이니라

없는 것이 없어지자
있는 것처럼 부르시는 이 있도다

있거나 없거나 있으나 없으나
커나가는 것도 알지 못 하네

모름지기[2] 있는 듯 없는 듯
보암직하게 살아라.

---

[2] 생각은 신과 소통하는 일이다. 신과 소통하려면 평면의 지식과 논리를 넘어서야 한
다. 평면의 옳고 그름, 알고 모름을 넘어서야 신과 통하고 영을 받게 된다. 참된 생
각, 거룩한 생각은 하나님과 연락된 것일 뿐 아니라 하나님과 뗄 수 없이 결합되어
있다. 그러므로 다석은 "생각하는 곳에 하나님이 계신다."고 말한다.(『다석 유영모의
천지인 명상』, 박재순 함인숙 지음, 기독교서회,66쪽)

하나 둘 세다가

몸의 중심이 느긋하고
맘의 중심으로 땅과 하늘을 사는 사람

있고 없어질 가온
없고 있어질 마음

없는 듯 있는 이 계셔
있는 듯 없이 제게로 간다.

나는 가만히 하나 둘 세다가
늘 우로 나아감인가

땅에서 사는 사랑

우리가 발로 밟고 다니는 땅이
우리 발을 잡아당기는 땅인가?
우리 발이 담긴 흙탕물인 땅인가?

우리 머리 둘 곳은 하늘이고
우리 발 딛고 다닐 땅은 디딤돌뿐!

여기서 드디어 땅을 딛고 간다.
우리가 땅땅 굴러 밟는 동안
땅도 제대로 굴러가도다.

우리가 어릴 때부터 타게 된
이 작은 수레를 곱게 굴리면
이 땅은 우리를
더럽다고 하거나 더럽게 여겨
근지러워 하지 않게 할 것이니라

죽자꾸나 살아볼 삶

아파서 죽겠다는 가엾은 때와는 달리
좋아서 죽겠다는 때도 있는데
그래도 제 때 그만 둬야 해

살아내야 하는 삶이 어렵지만
바르게 살기는 참 어렵지
그래도 죽자꾸나 살아볼 삶이다

열 가지 일깨움3)

남을 잡아먹고 남의 것 집어쓰고
남을 더럽히고 모질게 굴고 욕심내고 골내고
서로 얼 어루는 것들이 굳어버렸다.

모진 말과 거짓말 못 될 말과
아첨하는 말의 입짓.

일찌기 열 가지 모자라는 일들을
부처가 일깨워 펴시다.

살리고 기르고 깨끗한 몸짓으로
내어주고 들어주고 맑게 사는 것은
뜻있는 짓이다

어진 말, 참 말, 곧은 말, 풀어 펼 말 등
이런 말씀으로 귀와 입 거룩해진다.

---

3) 불교십계 (출처: 위키백과)
  1. 불살생계(不殺生戒): 살아있는 것을 죽이지 말라.
  2. 불투도계(不偸盜戒): 훔치지 말라.
  3. 불사음계(不邪淫戒): 음행하지 말라.
  4. 불망어계(不妄語戒): 거짓말하지 말라.
  5. 불음주계(不飮酒戒): 술 마시지 말라.
  6. 부도식향만계(不塗飾香□戒): 향유(香油)를 바르거나 머리를 꾸미지 말라.
  7. 불가무관청계(不歌舞觀聽戒): 노래하고 춤추는 것을 보지도 듣지도 말라.
  8. 부좌고광대상계(不坐高廣大床戒): 높고 넓은 큰 평상에 앉지 말라.
  9. 불비시식계(不非時食戒): 때가 아니면 먹지 말라. 곧, 정오가 지나면 먹지 말라.
  10. 불축금은보계(不蓄金銀寶戒): 금은 보화를 지니지 말라

열 가지 일깨움은 여름 열매이니
늘 삶의 나무에서 볼 것이로다.

스스로 저절로

스스로 온 나그네면 스스로 저를 잊지 않으리
저를 안 잊고 자기 갈 길을 알면
하느님께서 보내심을 깨닫고 가온 길로 간다

솟아 올라가는 나는 스스로 올라가고
제가 제게로 저절로 올라간다.

묵은 흙도 새 땅 된다!

솟날 나 뭣에 물들이더냐?
뭣에 묻힐려는 거야?

낯가죽에 뭐 묻었던가?
빌려썼던 흙 말인가?

솟난 나는 죽은 뒷 일은 몰라
묵은 흙도 새 땅 된다!

더 밝아 가서 아득함

아버지 마음을 까마득하게 몰라서
아들은 곰처럼 잠만 잔다.

아쉬운데도 아들 내버려두고
아들 없다고까지 한다

아들은 더 밝아지고
또박또박 일하지 않으면
아버지는 까마득히 멀어져서
믿지도 못 하게 된다

좀 있거나 좀 없거나

없는 게 없으면 많이 있다는 것.
있는 게 없으면 많이 없다는 것.

없는 게 있으면 좀 있고
있는 게 있으면 좀 없다.

사람은 많이 없거나 있거나 이런 게 아니야!
좀 있거나 좀 없거나
모두 있다가 없어질 존재야.

죽기 살기로 사는 모양

있으면 있는 것이고 없으면 없는 거지
좀 있고 좀 없고가 뭔 말이냐?
좀 있거나 좀 없거나 매 한 가지로 아무 것도 아니다.

사람도 사는 것이나 죽는 것이나 매 한 가지다.
마치 오른 쪽 귀에 달리거나
왼쪽 귀에 달리거나 그게 그거 아니냐.

맨 하느님 계신 곳에선 참 있으시니
없는 게 없어 보이도다.
귀 달려 간 가운데는 있는 듯하지만
속이 빈 듯 없어 보이고
죽기 살기로 사는 모양이다.
이토록 있음과 없음이 뚜렷하니
하나 둘 세면서 우리를 닦아야 한다.

죽기로 각오하고 사는 사람만이 살기로 죽음직하고[4]
없이 있는 사람만이 있기로 없음직 하오
이를 귀 담아 듣고 받들매
말씀과 하느님의 뜻 곧 우리 속에 새겨진다.

---

[4] "죽는다고 해서 죽어 없어지는 것이 아니다. 이 세상에서 바로 살 줄 알고 말씀을 아
는 사람은 사는 것이 좋은 것인지 나쁜 것인지, 그리고 기쁜 것인지 슬픈 것인지 잘
모르고 산다. 죽는 것이야말로 축하할 일인지 모른다고 생각하면서 산다. 살려 준
다고 해서 좋아할 것도 없고, 죽이겠다고 해서 흔들릴 것도 없다."(박영호, 『진리의
사람 다석 류영모』 29쪽, 두레)

어긋난 셈, 바른 셈

우리 때문에 말씀이 있어야 하고
말씀 때문에 우리가 있도다.

오르기 위해 누리라며 누리려는 게 옳을 거냐?
하나가 두 쪽으로 갈라졌는데
두 손 붙잡고 불붙을 날 없을까!?

두 임금에 한 씨알로 남북이 나뉘면 어긋난 셈이 되고
두 씨알에 한 임금으로 된다면 남북통일의 바른 셈이 된다

다 우연인 때문이다

까마귀 날아가자 배 떨어지듯
억울한 일도 있고

다람쥐 다다르자
도토리 줍는 횡재도 있다.

애초에 아람 다람과 날고 떨고 하는 일들은
다 우연인 때문이다.

냄새 나면 좋을 수 없지!

건더기나 국물은 냄새라도 있어야
좋은 줄 아는가?

건더기 국물 찌꺼기
냄새 나면 좋을 수 없지!

내가 좋은 듯 여기는 동안
남사스런 일 하도 많구나.

멋쩍은 일은 마라

하지 말아야 할 맛이 맛일 수 없다.
먹다가 먹다가 물려버리는 멋쩍은 일은 마라

미리미리 제게 맞게
알맞이 삶으로 마치게나

마침내 밀고 밀고
밑이 터지도록 맛은 끝내고

진리 맞이하여 살도록
아아멘!

돌아가자 밑둥으로

나 나온 거 싫다.
돌아가자 나온 데로.

일찍 일어난 거 싫다.
저 저녁에로 돌아가자.

잠이 깬 나의 대낮맞이란
끝의 끝에서 사는 것인데
끝의 끝남은 나 싫다.

돌아가자 하나로
돌아가자 나 나온 밑둥으로
자는 듯이 돌아가자
있을 데로 돌아가자

먼지 찌꺼기 있는 여기 싫고
님 계신 곳 그리웁다

날카롭다 하니 끝!
싱겁게 끝이 보이는 못난 나!
그치리라 이 끝!
나 이제 살고 제 죽었으니
예서 하나님을 본다.

베짱이의 노래

베짱이 나무에서 파르르 파르르 우니
네 아들 딸들 풀풀 풀풀 푸르르 운다
너야 참말로 그래 그럴 거야

베짱이 깃이 후웅 후으홍 날으니
네 아들 딸들도 줄웅 줄웅 주르르 난다
너야 참말로 그래 그럴 거야

베짱이 날아 모여들고 모여드니
네 아들 딸들도 움덕 움덕 우움덕 모인다
너야 참말로 그래 그럴 거야

눈물샘 풀어내어

울어내는 이야! 한숨 쉬는 이야!
울음 그치면 숨도 그친다.
숨 그칠까 꺼리는 게
아직 울 일이 많다는 터
눈에서 눈물 마른 이는
목에서 숨이 떠나서이리라

우는 이가 숨을 곳을 모르다니
어인 말인가
말씀 바로 된 데로만 가려내어
올라가야 하는데
올 해, 이어갈 해 풀어갈 것들이
눈 감아도 맴도네

온 오늘, 간밤 사이에 온 오늘
새 마음으로 맞이해야 할 텐데
새올새올 새는 해묵음
눈물 짠물 맨물 쏟아내니 쉬엄직하고
눈 깜짝할 사이 아주 해묵어버린다

새로운 눈 떠서 눈물샘 풀어내어
참으로 다시 만날 오늘!

새삼스레 싫다고 할 건가

이제 바르게 사뤄내며 살아왔기에
죽는 일도 잘 알고 살고 있다

이따가 이 담에 죽는다고
새삼스레 실쭉샐쭉 할 건가

살아있을 불 끄라는 줄 아는가?
살아갈 거룩한 불은
더욱 밝게 켜란 말이다.

싫지 않았던 삶

어인 셈인가!?
앞으로 암만 나가도 싫지 않은 삶이거늘
언제라도 인생 마치고 물린 뒤에야
싫지 않았던 삶이 앞만 못한 것을 알게 된다

어렵구나 이 사바에 사는 삶이여
바로 보고 알기가 어렵구나.

산다는 게 다 그런 겁니다

뒤 보러 갈 때 마음과
보고난 후의 마음 다르다는 건
살아있는 현주소
산다는 일이 다 그런 겁니다.

앞에 나갈 때는 좋은 맘으로 가고
물러 나와선 못마땅해 합니다.
산다는 일이 그런 겁니다.

시원히 뒤 보고 간 사람이
몇몇이나 있었답니까?

일 한 뒤 만족한 이 얼마나 있답니까?
산다는 게 다 그런 겁니다.

비로소 알겠습니다

올려다보고 보기만 하곤
못 올라갑니다. 안 올라갑니다.
우리가 올라갈 길이건만.

우리를 내려다 놓고는
내려다보시겠다고 가셨나요?

도무지 그럴 수 없음을
올라와서야 비로소 알겠습니다.

여유있게 가는 이

지금 여기 이것이
말씀에 가장 가까운 건가?

단 거 쓴 거 좋은 거 싫은 게
그대로 꼭 진리가 아님!

끝이다 맛이다 찾지 말라
밑둥 찾아 나선 길이다!!

아주 없이 산 이 아주 없으려 할 적에
오히려 눈동자는 총명하고 반짝인다.

갖추어 가진 삶의 끝에도
맛 끝을 찾아 한 눈 판 이 있다.

한 눈 팔다 길 못간 이와
여유있게 가는 이와의 차이다.

내 나라 되네

나 밖에 아무 데도 없는 나는
홀로 외로이 있네

나 밖엔 아무 데도 아무 것도 없는
빈탕이란 벗 사귀면

빈탕이 내 노릇하면서
빈탕 나라 내 나라 되네

쉬엄 쉬엄 쉬엄

숨같이 바쁜 것이
사람 삶에는 없으니
쉬엄쉬엄쉬엄

삶처럼 사라짐이 없기에
더 살고 더 살려 해
쉬엄쉬엄쉬엄

숨 고르게 쉬게 해 놓고 봐
그러면 살려 살려
또 살아나.

불 살려 사는 삶

깨어서 일어나기 무섭게
숨 한번 고르고
살기 위해 불 살려서 사는 삶

일어남도 눕는 일도
먹고 자는 일도
더도 덜도 말고
몸 굽혔다가 펴는 일

이 때문에 이 터문에
사람마다
날마다 하는 일

처음 붙인 맛과 재미

맛과 재미 찾아 놀다
사람이 나서 자랐건만

처음 붙인 맛과 재미는
떨어져 나가서

찾아도 다시 찾을 수 없고
돌아 봐도 실없이 누린
첫 자람 못 잊어

어찌 저로 보는가

이제 간 이의 낯을 못 잊음은
내 낯짝 같아서 이다.

죽은 이의 낯은 저가 아닌 걸
내 어찌 저로 보는가

첫째로, 사랑이란 모를 일!
뭐가 뭐고 모를 참이다.

저가 밟고 간 무한궤도

그 삶에 그 얼굴이 밟힌대로
그 죽음[5])에 내 맘이 밟힘!

얼굴 골짜기에 드러난 모양 그대로가
저가 밟고 간 무한궤도!

편지가 그 뜻 전부 보이지만
깊은 뜻 나타내는 건 글월 속!

사람 꼴의 빛난 바탈 보이는 건
그가 살아온 발 밟힘에 따라서!!

5) "죽음이란 없다. 하늘에도 땅에도 죽음이란 없는 것인데 사람들이 죽음의 노예가 돼
   있다." (박영호 『진리의 사람 다석 유영모』 상, 50쪽, 두레 2001])

셋 넷 다섯 열

깨어난 끝이 잠 밑바닥 몰라 하고.
산 끝이 죽을 밑바닥 몰라 하네.

만물의 끝이 빈탕한 데의 밑둥 몰라 하고.
있음이 없음을 몰라 하네.

뚫고 나가면 제 밑둥이건만
나가지 못해 제 밑둥 모르네.

뚫고 나가면 헤어지는 끝
뚫고 들어가면 못 올 건가

뚫고 들어가서 밑둥 알면
끝끝내 하나일텐데

어찌하여 끝끝이 셋 넷 다섯 열
갈라질 생각만 쫓아갈까.

생명줄도 자랄까

얕은 낮에
얼굴빛 갈갈이 쪼개
먼지 끄트머리 꽃 놀려 놀아난다.

뜻 놀려 속 채우고
입 놀려 말 채우고
손 놀려 일하고
발 놀려 채운다.

숨 놀려 잠자는데
바람 잔 밤에 생명줄도 자랄까

맹자는 일찌기
밤에 삶의 기운이 돌아가는 줄로 알았다.

처음과 끝이 맞물려

몽둥이 끝 잘라서 단정적으로
말하려고만 하지마라
좀벌레같은 네 꼴 차마 못 보겠거든
자석으로 잡아올린 쇳가루를 보아라.

자석에 끌려다니듯
여기가 끝인 양 저기가 끝인 양
이리저리 끌려다니면서
무슨 끝을 찾는지 모르겠다.

처음과 끝이 맞물려 돌아가니
처음과 끝은 둘 아니고 하나
어질게 태어나 모질게 살다 죽는가?

두 끝 맞붙어 있으니
죽고 사는 일이
생판 남이라고 할 수 있으랴?

나 밖에 나 말고는

나 밖에 나 말고는 아무데도 나 없다.
곁에도 속에도 없고
살 속, 뼈 속, 뜻 속에도 없다.

나 홀로 외로이
안이고 밖이고 아무데도 없고
겉이고 속이고 아무데도 없다.

몸 속 마음속 네 속 남의 속
속의 속들 발가벗기고
겉에 겉들 다 잡혀버리고

맨바닥 빈탕이란 벗 사귀어
빈탕이 내 노릇 하게 되므로
빈탕나라 내 나라 되네

나 곧이 바르게 나아가고
빈탕한 데 돌아가
말씀대로 참인 나라에서 살리라

남은 하루만이라도

얼굴 매만지고 꽃처럼 다듬은 사람 꽃
먹는 맛 까다롭고 남부럽잖게 먹으며

돈 붙고 이름 날리고 후리후리 훤칠하게 크고
허울 좋은 사람들아

생겨 먹은 데로 놀아라
좋고 좋다

우리는?6)
남이 부러워하는 그림대로
사는 건 아니지 않느냐?

무술년도 하루 남았다
부러운 것 좇지 말고
남은 하루만이라도 하늘 좇아라

---

6) 무한한 허공을 드러내고 그 허공 속에 잠기는 어두운 저녁은 영원으로 이어진다. 밝
은 낮은 하루살이의 빛에 지나지 않는다. 대낮에 영원과 사귀겠다는 것은 허영이며
한낮의 밝음은 우주의 신비와 영혼의 속삭임을 방해한다. 우주의 신비와 영성은 어
둠 속에서 빛나고 숨과 영은 빛보다는 어둠 속에서 잘 통한다. 낮에는 일하고 밤에
는 생각한다. 생각함으로 자기와 통하고 호연지기와 통하고 빈탕한데 계신 신과 통
하면 시원하다. 신과 통하면 '하나 됨'에 이르고 "죽음은 없다."(『다석 유영모의 천
지인 명상』, 박재순 함인숙 지음, 기독교서회,80쪽)

지금을 맛보다

돌아보고 돌아보며 뉘우치고
돌아보고 돌아보며 돌아와야 한다.

뒤엣 것은 뒤에 두고 오는 것과 두터워져야 한다.
아닌 것은 만들지 말고
이제는 바르게 살아야 하는 것이 최종적으로 돌아가는 길이다.

바른 것이 옳은 길이고 옳은 길이 바른 길이니
나중에가 아니고 지금 곧, 곧 깨달아야 하느니라.

죽이고 살리는 자연의 이치

이미 세상에 나왔으니
사는 것이 덕스러운 일이니라

태어나지 않았으면 하는 생각은
득이 안 된다.

생명은 생명을 고쳐나가고
죽음은 죽음을 변화시킨다

생명을 살아내는 것은
변화이니

살고 죽이는 자연의 이치가
기쁨 되느니라.

밝 홀로 ㅁ

사·롬이란 일이 없오—한때 지내는 나그네
禹는 黃河길 로 가되 돌과 발 잘 맞혀 밟홀
이죠이 禹를 일컫되 「일없시로—갈줄알」

일 났다ㄴ 뭐? 갈수 없다ㅁ! —가는 까닭 몰은거지?
까닭 볼 알고 나면 스윌치 —제 밟홀 길 걷기는
때믄과 터믄 또 라믄 밟홀 대그 ㅎ는 말

일이 없시 ㅎ면 되고 일한은 일 열적게 돼
열쌔 힘쓸 열의 일이 열적게 히 보람 빌가?
사롬은 나그네 같손 주먹 손속 으로ㄴ

꺾어야: 꽃이지—뒀두면 먹을 꿈·그림의 떡
꺾꽃 죽자! 앙 그리지라 손 대니 닿저 진물
건너다 맛 보·들 좋고 오 갈것은 없잖아?

이웃 나라 서로 바라 뵈며 개닭 소리 마주 들리는데
씨알이 늙어서 죽도록 왔다 갔다들 아니 ㅎ는다 늙은이

다석 유영모의 살아온 이야기

*0세(1890년)

1890년 3월13일경인년 2월23일 서울 남대문 수각다리서울 시경 근처 가까운 곳에서 경성제면소를 운영하는 아버지 유명근, 어머니 김완전 사이에서 13명 중 맏아들로 태어나다.

동생 열 명은 모두 어려서 요절했고 바로 밑의 동생 영묵은 19살에 갑자기 죽어서 충격을 많이 받다. 20세를 넘겨 산 사람은 유영모와 유영철뿐이다. 유영철은 70세 정도 살았고 미국에서 작고하다.

*5세(1895년)

아버지에게 천자문을 배웠는데 거꾸로도 외우고 다니다.

"천지현황 우주홍황…." 이렇게 외우기도 했지만, "황홍주우 황현지천…" 이렇게도 줄줄 외우다.

*6세(1896년)

서울 홍문서골 한문서당에 다니며 중국 사마광司馬光이 지은 『통감通鑑』을 배우다. 훈장님은 손에 묻은 먹물 숫자대로 매를 들어 아이들을 가르쳤는데 그는 매 맞는 게 싫어서 통감을 끝내지 못하고 서당을 그만 두다.

*7세(1897년)

콜레라에 걸렸는데 어머니의 지극정성으로 살아나다. 쌀뜨물 같은 설사를 계속하여 탈수증으로 거의 죽어 가고 있었다. 어머니는 아이가 죽어간다는 데 생각이 미치자, 손바닥으로 아들의 항문을 막은 지 7~8시간을 지나자 몸에 생기가 돌기 시작하였다. 항문을 솜으로 틀어막고서 미음을 끓여 떠먹이니 아이는 다시 살아났다고 한다.

*10세(1900년)

서울에 9개 소학교가 생겼고 2명의 교장이 순방하던 시절 수하동水下洞 소학교에 입학하다.

시험은 교동 소학교에 모여 시험을 보고 학교 바깥벽에 성적순으로 이름을 붙였는데 전체 500~600명 학생 중에서 1학년때 1등, 2학년때 5등을 하였다. 산수를 좋아해서 독감에 걸렸어도 학교는 결석한 적이 없다. 3년 학제인 소학교를 2년만 다니면서 평생지기인 우경友鏡 이윤영李潤榮 맹아학교교사, 최초 양로원 경성양로원, 현재 청운요양원 설립을 만나다.

*12세(1902년)

자하문 밖 부암동 큰집 사랑에 차린 삼계동 서당에 3년간 다니며 『맹자孟子』를 배우다. 이때 또 한 명의 평생지기 일해一海 이세정李世禎 진명학교 교장을 만나다. 이세정은 교육자로서 공로를 인정받아 장례는 사회장으로 치뤘는데 그는 장례위원으로 참여하다. 훗날 유영모 딸 월상은 진명학교에 다니다.

*15세(1905년)

한국 YMCA 초대 총무인 김정식金貞植의 인도로 서울 연동교회에 나가다. 유영모는 연동교회에서 산 신약전서를 일생 동안 고이 간직하면서 날마다 읽다. 6·25전쟁 때 부산으로 피난 갈 때도 이 신약전서는 들고 가다. 구약성경은 아브라함을 아백라한이라 옮긴 중국어로 번역된 구약성경을 읽다.

*17세(1907년)

서울 경신학교에 입학하여 2년 간 수학修學하다.

한편 을사늑약으로 주권을 일본에 빼앗기자 일본을 배우기 위해 다니던 서당을 그만 두고 경성일어학당京城日語學堂에 입학하여 2년간 일어日語를 배우다. 여기서 일어선생인 목양牧羊 홍병선목사農協운동 선구자, 저서로 [농촌협동조합과 조직법]를 만나다.

*19세(1909년)

경신학교 3학년 졸업하기 전에 교장의 추천으로 경기도 양평학교 정원모가 세움 교사로 갔으나 제국주의 일본을 비난한 것으로 헌병의 협박을 받고 학교를 그만 두고 1학기만에 서울로 돌아오다.

*20세(1910년)

오산학교를 설립한 남강 이승훈의 초빙으로 평북 정주定州 오산학교五山學敎 과학교사로 2년간 봉직하다. 이때 오산학교에서 기독교 신앙을 처음 전하였고 남강 이승훈을 전도하였는데, 이승훈은 감화를 받아 오산학교를 기독교학교로 만들다. 유영모는 첫 수업부터 기

도로 시작하고 정규과목을 가르치는 것보다 기독교 정신을 가르치
는데 힘쓰다.

*21세(1911년)

12명의 동생 중에 열 명이 어려서 죽고 유일하게 함께 자란 영묵
이는 YMCA와 연동교회도 함께 다녔고 쌍둥이처럼 붙어 다녔는데
갑자기 죽다. 오산학교에서 여준, 신채호의 권유로 노자와 불경을
읽으면서 사상적으로 영향을 받긴 했지만 결정적으로 동생의 죽음
이 정통신앙의 교리를 버리는 계기 중의 하나가 되다.

*22세(1912년)

아내 몰래 가출하여 방랑길에 나섰던 82세의 대문호 톨스토이가
1910년 11월7일 5시5분에 기차여행 도중 급성 폐렴으로 돌연사한
기사로 인해 오산학교에서는 그를 위한 추도식을 하고 그의 작품을
읽게 하다.

유영모도 톨스토이의 작품을 읽고 감명을 받아 정통 기독교신앙
에서 벗어나기 시작하다. 이승훈이 감옥에 가면서 평양신학교 교장
로버트에게 교장을 맡기는데 교장은 정통교리에 입각하여 학생들을
기독교 신자로 개종시키는 일에 교육의 초첨을 두다. 춘원 이광수는
톨스토이의『통일복음서』를 가지고 설교하다 학교에서 쫓겨났고 유
영모도 결국 오산학교를 떠나게 되다. 오산학교를 나올 때는 정통
교회 신앙에서 떠나 보다 폭넓는 신앙세계로 들어갔고 이제부터 기
성 교회도 나가지 않게 되다.

9월 일본 동경에 가서 동경 고등사범학교 물리학과에 입학하여 1

년간 수학修學하는 중 하루는 귀한 일생이라 허비해서는 안 된다고 하며 일일일생一日一生을 강조하며 살았던 우치무라 간조일본을 대표하는 기독교 사상가의 강연을 듣고 영향을 받다. 우찌무라 간조의 제자 김교신의 소개로 그의 성경연구모임에도 참석하다. 오산학교 시절 유영모는 어린 김교신이라도 선생으로 모시다. 우찌무라 간조, 김교신, 유영모 모두 일일일식하다.

*23세(1913년)

6월 동경 유학 1년을 채우지 못하고 대학 입시를 포기하고 귀국하다. 유영모는 일본 유학이 인생에서 가장 고민스러웠다고 털어놓기도 하다. 그의 사상과 신앙의 문제가 물리학자 되는 일보다 더 시급하다고 생각했을지도 모른다.

*25세(1915년)

김필성 목사가 친구 김건표의 누이를 소개해서 김효정金孝貞, 23세을 아내로 맞이하다.

김효정은 충남 한산에서 2녀1남 중 둘째로 태어났다. 김효정의 아버지 김현성은 구한말 무관출신으로 기골이 장대하고 김옥균, 박영효를 따라 개화운동에 가담했고 목포 전남도청 등에서 공직생활을 하였고 퇴직할 때는 군수대접을 받았다.

체구가 작은 신랑이 시골 가서 농사짓고 살겠다하니 탐탁지 않게 여기자 유영모는 편지를 써서 장인의 마음을 돌려놓았다. 그 당시 결혼제도는 신랑이 색시집으로 가서 혼례를 올리고 다시 신랑집으로 와서 혼례를 올리는 풍습인데 유영모는 낭비라 생각하여 신랑

집에서 중매선 김필성 목사의 주례로 혼례를 올렸다. 혼례를 마치자 유영모는 혼자 목포로 가서 장인 장모께 인사했다. 부모님께 인사드리기 전에 신방에 들어갈 수가 없다는 생각에서 였다. 결혼식에 참석 안한 장인장모는 박학다식한 사위와 담소를 나누며 훌륭한 사위를 맞았다고 기뻐했다.

유영모는 결혼 후 2년만에 맏아들 의상宜相을 낳았고 이어 2년 터울로 자상自相, 각상覺相을 낳고 5년 뒤 보름날 딸 월상月相을 낳았다. 아이들의 이름 속에 넣어놓은 '의자각월宜自覺月'은 '정신 잇기'의 염원이 아닐까 싶다. '마땅히 스스로 각성해서 나아가라. 그러면 솟아오르는 달을 만난다.'

*26세(1918년)

외국서적을 번역하는 처남 김건표의 권고로 도량형에 관한 책 『메트로』미터법를 저술하고 개성사라는 출판사를 차려서 판매를 하다. 개성開成이란 말은 개물성무開物成務, 모든 만물을 깨달아 일을 이룸의 약자이다. 다른 출판사에서 자기네 책을 표절했다고 소송을 해서 문을 닫다. 도량형 원기는 세계 공통 표준이므로 표절이랄 것도 없지만 일제 강점기라 패소하다.

*27세(1917년)

육당六堂 최남선崔南善과 교우交友하며 잡지「청춘靑春」에 '농우農友, '오늘' 등 여러 편의 글을 기고하다.

*28세(1918년)

1월13일부터 살아온 날 수를 셈하기 시작하다. 일기 쓰기를 시작한 날부터 일기에 기록하다.

*29세(1919년)

남강 이승훈이 3·1운동 거사 자금으로 기독교 쪽에서 모금한 돈 6천 원을 유영모에게 맡겨서 아버지가 경영하는 경성피혁 상점 금고에 보관했는데 일본형사들이 점포를 수색해서 돈을 압수하고 아버지도 끌고가 105일만에 풀어주다.

*31세(1921년)

9년간 오산학교 교장을 한 고당古堂 조만식曹晩植 후임으로 정주 오산학교 교장에 취임 1년 간 재직하다. 교장실의 회전의자를 치우고 등받이를 잘라버린 보통 의자 위에 무릎 꿇고 앉아서 교장업무를 보았으며 이번에는 수신과목을 가르치며 언행일치, 지행일치의 사람으로 오산학교의 신화를 창조하다.

이 시기에 졸업반이었던 함석헌은 유영모를 처음 만나다. 첫 시간에 '배울 학學'자를 2시간 동안 풀이하는 것에 놀라 보통 사람이 아니란 걸 알다.

*32세(1922년)

유영모는 부임한지 1년만에 일제 교육당국에서 교장 인준을 해줄 수 없다는 통보를 받고 그만 두게 되다. 인준해 주지 않은 이유는 분명치 않으나 아버지 유명근이 이승훈의 독립자금을 맡았다는 죄로 옥고를 치른 것 때문인지 전임 교장인 조만식처럼 한복을 입고 다니는 민족주의자로 보여서인지 확실치 않다.

1년만에 다시 집으로 돌아가는 날 밤에 고읍역까지 마중나간 함석헌에게 유영모는 "내가 이번에 오산학교에 왔던 것은 함ᨘ 자네를 만나기 위해서인가 보다"라는 평생 잊지 못할 의미있는 말을 했다. 함석헌이 옥고를 치르고 있을 때 묵상기도만 하던 유영모는 말기도를 다시 했고 함석헌이 집에 온다면 스스로 집안청소도 하며 귀한 손님 맞이하듯 했으며 함석헌이 시작한 일요강좌에 지원 강연도 하다. 사제지간에 귀한 모습이며 11살 차이지만 생일이 양력으로 같은 날3월13일 이다.

*33세(1923년)

1월19일 잡지 「동명」에 12,000일을 기념하여 '자고 새면'을 기고하다. 유영모는 이 글에서 생명의 주체는 '나'임을 선언했다. "내가 곧 길이요, 진리요, 생명이니라"는 예수의 말씀은 예수만의 특별한 고백이 아니고 생명의 길을 가는 모든 사람들의 주체적인 선언으로 받아야 함을 강조하다. 모든 존재의 중심에 내가 있고 모든 것은 나에게서 시작하고 나에게서 끝난다고 하다.

*37세(1927년)

김교신金教臣 등 「성서조선聖書朝鮮」지 동인들로부터 함께 잡지를 하자는 권유를 받았으나 사양하다. 송두영 집에서 열린 겨울 성서연구회 모임에서 담임선생인 김교신의 소개로 유영모는 양정고보 다니던 유달영18세을 처음 만나다. 그는 처음으로 요한복음 3장16절을 풀이하면서 자신의 종교관을 밝혔는데 「성서조선」 잡지에 10년 동안 많은 권유에도 기고하지 않다가 이후부터 기고하기 시작하여 1942년 폐간될 때까지 열 번도 넘게 기고하다.

「성서조선」 잡지에 한국 YMCA 초대 총무인 김정식 추모문 기고하다.

*38세(1928년)

서울YMCA 총무인 창주滄柱 현동완농림부장관과 보건복지부 장관 자리를 거절하고 죽기 전까지 YMCA 근무의 간청으로 월남 이상재 후임으로 YMCA 연경반研經班 지도강사로 초빙받아 35 년간 지도하다가 1963년 현동완 사망 이후 그만 두다. 평소에는 말이 없다가 강의만 하면 6시간을 쉬지않고 하는 경우도 있었다. 많게는 700명이 참석하기도 했고 200~300명 참석한 적도 있으나 대부분은 평균 20여명이 꾸준히 참석하다. 1938년 일제는 YMCA를 강제로 폐쇄시켰지만, 연경반은 숨어서 이어나가다.

서울 적선동에서 솜공장 경성제면소를 아버지가 차려주어서 경영하다가 아버지가 돌아가신1935년 후까지 하다. 농사를 지으며 살고 싶어했지만 아버지가 시키는 일을 하다.

*43세(1933년)

11월 2일 아버지는 위암으로 3년간 투병하시다 돌아가셨다. 상복을 입고 5일간 금식을 했고 제삿날뿐만 아니라 매년 추도일에도 제사상은 차리지 않고 금식했고 제물에 쓰일 돈은 어려운 이웃을 돕는데 썼다. 지나친 관혼상제 풍습을 삼가하다.

*45세(1935년)

아버지 탈상 후 경성제면소를 처분하고 서울 종로 적선동에서 경기도 고양군 은평면 구기리 150번지처음에는 종로였는데 행정구역에 경기도로 바뀌었다가 서대문구로 됐다가 지금은 다시 종로구로 되었다. 현재 구기파출소 뒤 현대빌라 자리가 집과 과수원이었음로 이사하여 꿈에 그리던 귀농을 시작하다. 구기리로 이사올 때 맏아들 의상이 18살, 둘째 자상이 16살, 셋째 각상이 14살이었고 딸 월상이 9살이었다. 아들들은 바쁠 때 함께 아버지를 도왔다. 시골에서 농사 지으면서 사는 생활은 자기 훈련이고 자기 수양의 시간이었다.

대문에 '참을 찾고자 하는 이는 들어오시오'어떤 이는 '참을 찾고자 하거던 문을 두드리시오'라고 기억한라는 문패를 달아놓았다고 한다. "하나님을 사랑하고 땅을 사랑하고 이웃을 사랑하는 삶은 농사뿐이라" 믿으며 농사를 짓다. 지인들과 사람들은 끊이지 않고 그를 찾아오다.

*49세(1939년)

5월 호암 문일평의 죽음에 충격을 받아 「성서조선」124호1939년 5월호에 추도문 「호암湖巖 문일평文一平 형兄이 먼저 가시는데」를 기고하다.

6월25일 김교신은 성서연구회 사람들과 함께 구기리의 유영모를 만나러 왔다. 이 날은 유영모가 태어난 지 18,000일 기념을 축하하는 선물로 김교신으로부터 『조선어사전』을 받았다. 여기에는 김교신의 친필로 날짜와 '서울성서연구회'라는 증정단체의 이름이 적혀 있다.

*50세(1940년)

「성서조선」135호1940년 4월호에 '결정함이 있으라'를 기고하다. 아래 일부를 적는다.

"자연적 인생의 끝은 멸망이다. 멸망이라는 확정판결은 받고 나온 것이 인생이다.… 이승의 목숨이란 결정함이 있으라. 피어온 꽃, 연연娟娟히 곱다가도 갑자기 시들 것! 이승의 목숨이란 방울진 물! 분명히 여무지나 덧없이 꺼질 것!…."

*51세(1941년)

2월 17일부터 하느님이 새 과제를 주셔서 1년 내내 공부하게 하셨다고 한다. 이는 단식과 해혼이다. 하루에 저녁 한 끼만 먹는 단식을 시작하고 이튿날인 2월 18일에는 식구들을 모아놓고 가족들에게 종신토록 부부간의 성생활을 끊겠다는 뜻의 해혼解婚을 선언하고 잣나무 판자 위에서 잠자기 시작하다. 해혼에 대한 글을 남기다. "사람은 상대적 존재이기에 영원한 것이란 없다. 시작을 했으면 마침이 있어야 한다. 남녀가 혼인을 맺었으면 혼인을 풀어야 한다. 부부가 혼인생활은 하되 성생활은 끊어야 한다. 해혼은 혼인생활조차 끝내는 이혼과는 다르다, 나는 오늘부터 해혼하기로 했으니 모두 그렇게 알아라. 간디는 어린 열세 살에 혼인을 했지만 서른일곱 살에 아내와는 남매처럼 지냈다. 부부사이에도 성생활이 없어진 것이다. 마음의 불을 끄면 몸의 불은 자연히 꺼진다"

8월 5일은 집 둘레에 있는 아카시아 나무 가지를 자르다 삼각 사다리 위에서 떨어져 허리를 크게 다친 날이다. 2주 동안 병상에서 지내면서 큰 깨달음을 얻었다. "죽음이 가장 새로운 세계이다. 고통과

쾌감은 밀접한 관계라 서로 헷갈리기가 쉬운데, 실은 쾌감이 고통인 것을 깨닫지 못 하기 때문에 망령된 생각에 빠지는 일이 많다. 실은 한 맛인데도 고통으로만 알면 크게 겁먹는 수가 많다. 사람의 살림 살이라는 것이 몸뚱이의 자질구레한 일로 보내는 것이 생활의 대부분이라 어떻게 하느님의 성령과 함께 하는 참된 삶을 살 수 있을까? 몸이란 마침내 큰짐이요, 감옥이요, 못된 장난에 불과하다. "

성서조선 152호1941년 9월호에 '기별 낙상유감'이란 글을 기고할 때 처음으로 다석제多夕齊를 필명으로 쓰면서부터 다석多夕이란 아호를 사용하기 시작했다. 다석 옆에 붙인 제齊는 이 당시 아호 옆에 흔히 붙여 쓰다.

11월28일 18,888일 되는 날, 이날을 유영모는 파사일破私日로 지냈다. 나를 온전히 버리고 주님만이 따르는 날을 말한다. 온전히 항복하고 나는 없어진 날.

12월 5일 한아님 아버지의 사랑을 절감하고 '녹임의 기쁨 일일기 온감一日氣溫感'을 작시하여 「성서조선」156호1942년 1월호에 기고하다. 그 일부를 옮기다.

"작년 1년1941년은 '네가 낫고자 하느냐' 물으신요한복음5장6절 해이며 '나를 붙들어줄 사람이 없다고'만하고 지내온 것입니다. '남이 붙들어주도록 약弱한가, 저 사람도 보잘것없군' 하는 물론物論이 있을까를 퍽 싫어하였습니다. 내 독립獨立한 체면體面은 죽어도 유지維持하고 싶었습니다. 작년 2월 17일부터는 새 과제課製를 주셔서 1년 내

一年來 공부工夫하게 하시고, 8월 5일에는 한 번 채를 치셔서 일깨우신 가도 합니다. 아버지께 더 나아가야 할 줄은 더욱 강박强拍되었사오며, 감은感恩과 감격感激도 몇 번이었사오며, 마침내 자기自己란 것이 아무 것도 아닌 것을 확인確認하게 되었사오나, 주主의 앞에 무조건 항복할 기회는 없었습니다. … 지난 11월 28일은 저의 18888일로 저는 이날을 저의 파사일破私日이라 생각하고 지냈사온데 이것이 주主께 가까워진 준비이었사오며……."성서조선 157호, 1942 년 2월호

*52세(1942년)

1942년 52세 1월 4일 입교入敎 1905한 지 38년 만에, 식색을 끊은 지 1년만에 하느님과 예수를 깊이 체득하고 중생일重生日로 정하다.

그는 이렇게 말했다. "내게 실천력을 주는 이가 있으면 그가 곧 나의 구주시다. 내가 난 지 18925일 되는 오늘, 내가 중생한 오늘, 증거할 말씀은 '예수의 이름은 오늘도 진리의 성신으로 생명력을 풍성하게 내리신다'이다" 그는 수많은 사람들에게 언제나 기쁨을 전하다. 그것은 진리에서 나오는 기쁨이다.

성서조선 157호에 이 날의 감격을 '부르신지 38년만에 믿음에 들어감', 158호에 '우리가 뉘게로 가오리까', '이것이 주의 기도요 나의 소원이다'를 기고하다.

성서조선 157호 1942년 2월호에 실린 글 일부를 옮기다.

"금년1942 1월 4일에 제가 마침내 아버지 품에 들어간 것은 37년을 허송虛送한 표標인가도 싶습니다. '생명이 말씀에 있으니 생명은 사람의 빛이라요한복음 1장4절를 저의 중생일重生日, 1월 4일의 기억으로 하

겠사오며 … 생生이 重生한 오늘에 증거證據할 말씀은 '예수의 이름은 오늘도 진리眞理의 성신聖神으로 생명력을 풍성하게 내리신다'입니다.“ 그는 깨달음의 노래, 오도송悟道頌을 지었다. ”하느님께서 저를 38년전 1905년 봄에 부르시지 않으셨습니까? 그날부터 여태까지 병든 믿음으로 온 것 아닙니까?'

3월호제158호에 실린 김교신의 권두언 “조와弔蛙”얼어죽은 개구리를 애도한다는 뜻에서 일본의 억압으로 고통받는 조선을 개구리에 빗대었다고 본 조선 총독부는 성서조선을 강제 폐간되었는데 「성서조선」 사건으로 유영모는 4~5월 57일 동안 종로 경찰서와 서대문 형무소에 구금되다. 함석헌, 송두용, 유달영은 후에 이 사건으로 국가유공자로 대전 국립현충원에 안장되었다. 유영모 유가족들은 보훈처에 국가유공자 심사를 신청할 생각이 없다고 하다.

*53세(1943년)

음력 설날양력으로 2월 5일 새벽 북악 산마루에서 천지인 합일의 경험을 하다.

첨철천잠투지瞻徹天潛透地 이 글에서 하늘과 땅과 하나된 체험을 표현하고 「성서조선」에 발표한 '믿음에 들어간 이의 노래'에서 님이 나를 차지하고 나를 맡으시고 나를 가지셨으며 내 거라곤 하나도 없고 내 거라곤 다 버렸다고 노래한다.

*54세(1944년)

45세에 구기리로 이사올 때 집수리를 해 주던 막일 노동자 이상웅에게 천안 광덕 보산원리에 농지와 땅을 구입해 관리인으로 삼았다. 나중에 토지개혁때 이상웅에게 당시 시세의 반값으로 농지 3천평과 대비 6백평을 평당 쌀 한 되 값으로 쳐서 넘겨주다.

*55세(1945년)

해방된 뒤 조선총독부가 없어지고 주민들 스스로 자치위원회를 만들었는데 주민들로부터 은평면 자치위원장으로 추대되다. 사람들과 사귈 기회는 별로 없었지만, 농사지으며 산 지가 10년이고 창씨개명을 하지 않고 성서조선 사건으로 옥고를 치른 것을 주민들은 알고 있었다.

김교신은 「성서조선」 사건으로 옥살이를 하고 나와 흥남비료공장으로 들어가 독립운동한 혐의로 다시 옥중에서 지내다 전염병에 걸린 조선노동자를 간호하다가 감염되어 4월25일 세상을 떠났다. 훗날 유영모는 그의 죽음을 계산하다 자신의 죽을 날을 정하게 된다.

*56세(1946년)

전남 광주 동광원 방문하여 이현필을 만나다. 이후 수양회 강사로 매년 동광원을 방문하다.

*57세(1947년)

9월10일 산 날 21,000일을 맞이하다.
김교신이 선물한 『조선어사전』을 펴 보다가 김교신의 친필을 보고 그리움이 밀려와 날짜 계산을 해 보니, 이 선물을 받은 지 3,000

일이 되는 것이었다. 이로부터 3,000일을 더 계산하니 4월 26일! 김교신이 죽은 날 다음 날자인 것이다. 이 만큼 더 살아도 될 것이라고 생각하고 1956년 4월 26일로 사망일을 예정해 보다. 사망예정일 1년 전에 이 예정일을 발표하다.

*58세(1948년)

함석헌咸錫憲 YMCA 일요 집회에 찬조 강의를 하다.

*60세(1950년)

6월 6일은 다석의 산 날 22,000일 되는 날이다. 이날 현동완은 다석의 반대에도 불구하고 22,000일 기념행사를 YMCA회관에서 거행하다.

유영모는 경찰대 교수였던 최원극崔元克의 집에서 아침 7시부터 '일요강좌'를 진행하고 있었는데 새벽에 북한군의 남침이 이뤄진 사실을 모르고 있었고 강의 도중 최원극에게 걸려온 전화로 전쟁소식을 들었다.

전쟁난 지 사흘째 되는 날, 미국대사관에 근무하고 있던 유의상유영모의 장남, 맥아더 사령부에서 전시 공문 번역과 우리말 미군방송을 맡고 휴전회담 때도 한국인으로는 유일하게 미국쪽 요원으로 참여하여 통역함은 일본 도쿄의 맥아더 사령부로 징발됐다. 피난을 가지 못해서 둘째 아들 자상19살은 곡기를 거의 끊고 병자행색으로 지냄으로 죽음을 피했다.

*61세(1951년)

1.4후퇴 때 훗날 사위가 될 최원극의 도움을 받아서 부산 수정동으로 피난을 가다. 10월 10일 어머니 김완전이 돌아가시자 화장을 했는데 평소 화장이 이상적인 장례라 생각하여 "반드시 화장을 지내야 합니다. 흙에서 와서 흙으로 돌아가는 데는, 없는 데서 생겨나서 없어지는 데는 다 마찬가지입니다. 혈육의 근본은 흙이고 정신은 하늘에 근본을 두고 있습니다."라고 말하고 그대로 화장하다.

서울 YMCA총무 현동완玄東完의 주선으로 피난 간 부산에서도 광복동 YMCA 회관에서 공개강연을 여러 번 하다. 그가 들고 다니던 작은 노트에 보면 진리를 잃어버린 전쟁의 광기와 어리석음을 질타하다. 일요일에는 현동완의 단칸방에서 '일요강좌'를 열다.

*65세(1955년)

1955년은 다석에게 뜻깊은 해이기에 특별히 자신을 스스로 기념하는 해라는 의미를 담아 대자大自 기념년紀念年이라고 하다. 자신을 불살라 죽기로 작정한 날을 정한 해이다.

4월 25일 사망예정일을 선포하다. 사망예정일은 1년 뒤인 1956년 4월 26일. 유영모는 김교신이 선물한 조선어사전을 펴서 선생님의 필적을 본 날이 선생님 돌아가신지 약3,000날이 되는 날인데 앞으로 욕심을 내서 3,000날을 더 산다면 김교신이 간 날인 4월 25일과 비슷한 4월 26일이 된다는 데서 숫자놀이로 1956년 4월 26일을 사망예정일로 정했다. 그 날까지의 살 날수가 남강의 산 날 수와 같게 된다는 것을 발견하고 수첩에 적어놓다. 사람이 살아가는데 예산을 세우고 살림을 하는데 죽는 날도 예상을 하고 살아보자는 것인데 맞추긴 누가 꼭 맞추겠는가? 한울님만이 아실 것이라고 했다하며 죽음 예행연습을 통해 깨달음을 얻고자 한 것이다. 마음에 담고 있다가 사망예정인 1년전인 오늘 공개적으로 선포한 것이다.

이날부터 '이 하루때문' 이라며 일기 『多夕日誌』를 쓰기 시작하여 1975년 1월 1일까지 계속하다.

김흥호는 속기사를 시켜 1956년 10월 17일부터 1957년 9월 13일까지 YMCA 연경반 강의를 기록하게 하다. 새벽 3시에 일어나서 맨손체조와 냉수마찰 그리고 얼오름의 기도를 드린 후 일기를 쓰다. 일기에는 년, 월, 일, 날씨, 살아온 날수, 율리안 날짜 등을 첫 머리에 쓰다.

7월 23일 죽음 예정일을 278일 앞두고 외출했다가 돌아와서 막 마루에 올라서려고 할 때 책상 한 가운데로 큰 돌이 떨어져 책상을 치고 책상 위 놓여있던 책 한 권은 애지중지하는 책인데 너덜너덜해졌고 구들에 떨어져 구들까지 뚫었다. 그날 외출 안 하고 '서전'책을 읽고 있었다면 죽었을 수도 있다. 죽음을 미리 경험해 보다.

다음날 이 사건과 관련해서 화재에도 살아남고 서전책에 대해 일기에 쓰다. 경성제면소 화재 때 책의가 소실되었고 6.25때 피난가면서 창고에 넣어뒀지만 하나도 손상이 안 되어 가까이 두고 읽으며 보배로운 가르침을 받았던 책이라는 것을 기록으로 남기다.

10월 18일 죽음 191일 앞둔 날, 삼각산원에 김산을 만나러 가던

길에서 거적으로 둘둘 말아놓은 송장을 봤다. 거적을 메고 온 두 사람은 가까운 가게에서 감을 사먹고 있는 것을 보고 '마구잡이 거적 송장'이란 말만 들어봤는데 참으로 목격했다고 일기에 쓰다.

*66세(1956년)

1월 25일 첫 번째 꿈을 꾸다.

꿈에 본 글인지 깨어나서 소간을 쓴 글인지 모르겠으나 꿈 이야기를 일기에 쓰다. 고대에 인사가 자기인생관을 제출하면 그 논문에 나타난 대로 최종 9년은 그 사람의 신분과 인격을 믿어 의심치 않는다고 하는데 희랍그리스에서 그런다고 한다. 김교신이 죽은 후 10년을 더 살고 갈 결심을 했는데 이게 꿈인가 생시인가 하는 글이다.

4월 24일 두 번째 꿈을 꾸다.

꿈에 때문, 터문, 라믄은 모르겠고 한갓 '417'이란 숫자를 봤다. 아침이 꿈에서 깨어 생각해 보니 아홉곱은 아니고 139와 3인 소인수만으로 알다. 이 417이란 숫자는 두 번째 사망일 이튿날을 정할 때 사용하게 되다.

4월 26일. 사망예정일. 하루 한 번 먹는 저녁 식사도 잊고 하루를 넘기다. 다음날 4월 27일 연경반 강의에 여일하게 참석하다. 거기서 사망일에 대한 소감을 "죽기로 소원한 날인데 그게 중요한 게 아니고 하나님을 알고 하나님을 믿고 하나님에 사는 것이 중요하다. 그럼 인생은 단순해진다. 지구 위의 잔치에 다녀가는 건 미련두지 말고 더 살자고 애쓰지 말아야 한다. 늘 여기 살 것도 아니고 이 세상을 생각으로라도 초월하고 살자"는 요지로 말하다.

사망예정일 두 번째 날을 1957년 6월 17일로 정하다. 이번에는 이틀 전에 꾼 꿈에 보인 417을 생각하고 417일 뒤를 계산해서 나온 날짜이다.

*67세(1957년)

6월 17일 두 번째 사망예정일! 이날도 지나간다.

6월 18일은 아주 드물게 튼 날, 가장 고귀하고 소중한 날, 다시 산 날! 나의 날! 로 생각하고 이날부터 열흘간 목욕재계 하는 마음으로 재계의 시간을 가지며 시량록을 쓰고 이날부터 일기에는 산 날수와 율리안 데이 외에 다시 하루 하루 살 날 수를 세며 살아간다. 이젠 더 이상 죽을 날을 정하지 않고 지내다.

*69세(1959년)

『노자老子』를 우리말로 완역하다. 그밖에 경전의 중요 부분을 옮기다.

법학도인 주규식이 1959년 11월6일부터 1961년 11월17일까지 YMCA 연경반에서 하는 유영모의 강의를 받아쓰다. 이 내용은 『다석씨알강의』로 박영호 풀이를 넣어서 교양인에서 2015년 출간하다.

*70세(1960년)

둘째 아들 자상이 결혼하여 강원도 평창군 방림면 계촌리로 젖양 2마리 벌꿀 15통을 가지고 들어가 농사짓기 시작하다. 유영모는 다른 아들들보다 이를 기쁘게 생각하다.

*71세(1961년)

11월 21일 딸 월상이가 친정에 김장하러 오다. 그는 같이 따라온 외손녀 은화와 옥상에서 별 관측하는 유리방에서 별구경하고 내려오려는데 아이가 떨어지려하자 외손녀를 껴안고 3미터 아래 현관바닥에 떨어져 외손녀는 하나도 안 다쳤는데, 유영모는 온몸에 타박상을 입고 머리도 다쳐서 의식불명으로 서울대병원에 입원하다. 일주일만에 의식이 돌아왔으나 한쪽 눈을 실명할 수 있으니 수술하자는 의사의 말을 거절하고 12월 19일²⁸일간 퇴원하다. 입원기간 중 유영모는 살고 죽는 것이 아무 것도 아님을 확실히 깨닫고 요한복음 말씀을 무의식 중에도 붙잡고 있었다.

*73세(1963년)

'천부경'을 우리말로 풀어내다. 천부경天符經 이란 말을 '하늘 닿은 씨알 실줄'로 풀이했는데 '하늘에 연결된 줄'이란 뜻이다. 소설 『단군』을 쓴 김태영은 참나를 깨달은 사람만이 천부경을 제대로 파악할 수 있다며, 다석만큼 천부경의 핵심을 제대로 푼 사람을 만나보지 못했다고 하다.

*75세(1965년)

강원도 평창군 방림에서 농사하는 차남 자상自相을 자주 찾아가다.

*77세(1967년)

전주 땅을 구입하여 동광원에 기증하다. 현재 소화자매원 전주분원이 됨

처남 김건표의 아내는 90세가 넘도록 장수했는데, 이 동광원에서 생을 마치다. 슬하에 자녀가 없었다.

*81세(1971년)

8월12일부터 17일까지 전남 광주 동광원 여름 수양회에서 수녀와 수사들에게 마지막 강의를 하다. 이 마지막 강의를 처음이자 마지막으로 녹음을 했는데, 이 녹화물은 유영모의 육성을 들을 수 있는 귀한 자료이다. 다석 유영모 마지막 강의는 2020년 12월에 동광원 문고판 『한 나신 아들』이란 제목을 달고 동광원 귀일연구소장인 평산 심중식의 수고로 세상이 나왔다. 이는 온전히 육성의 말씀만 녹취하여 책으로 낸 것이기에 더욱 귀하다 하겠다.

*82세(1972년)

5월 1일 산 날수 3만 일을 맞이하다.

*83세(1973년)

7월 23일 영세농 송아지 사주기 운동약칭으로 '주는 운동', 창립자 조경묵의 초대회장으로 추대되었고 7년 동안 농가에 41마리의 송아지를 보급했고 농기구도 많이 지원하다.

*85세(1975년)

1월 1일 날짜만 써 놓고 20년간 이어오던 일기 쓰기를 중단이다.

사고력이 급격히 저하됐다는 증거로 보이다.

*87세(1977년)

6월 19일 독립문 근처 영천동에 사는 전병호를 만나고 싶다해서 아들 자상이 전병호 집으로 안내했는데 마주 앉아 말을 할 듯 하다가 끝내 입을 열지 않다가 집을 나오다. 류영모가 태어나고 자란 남대문 근처를 보고 싶다고 해서 자상이 안내하여 남대문 근처를 둘러보다. 이는 죽음을 맞이하는 출가를 하기 전에 태어난 시작점을 보고 싶었던 모양이다.

6월 20일 유영모는 혼자서 아침부터 집 근처에 있는 매바위 안골에 들어가 온종일 기도했다.

6월 21일 아침 해가 뜰 때쯤 한복에 두루마기까지 입고서 "나 어디 좀 간다."하고는 집을 나가서 이틀간 연락이 없었다. 톨스토이처럼 객사할 생각으로 가출했다가 23일 정릉 뒷산에서 혼수상태로 쓰러진 것을 이웃이 발견하다. 3일 간 혼수상태에 있다가 10일 만에 일어나다. 집을 나가 죽으려던 뜻이 이루어지지 않자 "주고 주고 다 주어버리고 목숨까지 주어버리는 것이 죽음"이라 하다. 맏아들 의상이 미국 갈 때 땅 팔아 주고 남은 돈을 구걸하는 이에게 노점상이라도 하고 살라 해서 뭉텅이돈을 주었는데, 이를 들은 사람들이 떼로 몰려오기도 했다. 둘째 아들 자상이 아이들이 무서워한다고 하니, 나머지 돈은 아들에게 주고 남에게 주는 일은 그만 두었다.

*88세(1978년)

5월 10일 함석헌 부인 황득순의 장례식에서 거리가 조금 먼 추도

사를 했다. 기력이 약해지고 점점 말도 없이 만나는 사람들에게 빙그레 눈인사만 하고 지내는 정도였다.

*90세(1980년)

사람을 알아보지 못하다. 7월 31일 김효정 부인이 88세로 돌아가다.

*91세(1981년)

90년 10개월 21일 만에, 날수로는 33,200일을 사셨다. 2월 3일 18시 30분 구기동 자택에서 둘째 아들 내외와 둘째 손녀가 지켜보는 가운데 다석은 '아바디'를 부르면서 귀천하다. 아바디를 풀면 '아'는 아! 감탄사, '바'는 밝은 빛, '디'는 땅을 디디고 실천한다는 뜻이 들어있다.

충남 천안시 병천면 풍산공원묘원에 모셨으나 계약 만료로 2014년 3월 지금의 '강원도 평창군 방림면 계촌리 1091' 대미산 자락으로 모시다.

큰 아들 의상은 미국 대사관에서 일하다가 미국으로 이민갔다. 둘째 자상은 세검정 초등학교 교사로 근무하다가 1960년 41살의 나이에 결혼하고 젖양 2마리 벌꿀 15통을 가지고 평창 대미산 자락으로 들어가 농사를 짓다. 이 아들이 농사지러 들어간 일을 매우 기뻐해서 해마다 여름이면 한 번씩 들러 며칠 씩 묵어가곤 했다. 막내 각상은 상선에서 통신원으로 근무하다가 일본에서 살게 되었다. 딸 월상은 결혼해서 딸 둘을 낳고 살았다.

참고서적 및 문서

『다석일지』 영인본, 유영모, 홍익제, 1990

『동양사상과 신학』 김흥호 이정배 , 솔, 2002

『나는 다석을 이렇게 본다』 정양모, 두레, 2009

『다석 유영모』 박영호, 두레, 2009

『다석 유영모』 박재순, 현암사, 2008

아주경제 '정신가치'시리즈 『다석 유영모의 재발견』편, 박영호 집필, 이상국 증보집필과 편집, 2019~

용어풀이

1. 한글 모음 자음 풀이

"대한반도 한가운데 하늘 문이 열리고 모든 국민이 한글을 공부해서 내 속에 깊이 숨어있는 뜻을 온 세계에 펼쳐나가게 되었다. 하늘 문이 열리고 속뜻을 펼 수 있게 한 두 어른에게 진심으로 감사한다. 우리나라에서는 하늘에 올라갈 수 있게 되었고 우리의 글로 우리의 뜻을 펼 수 있게 되었다. 한국은 천국이요 한글은 천문天文이다." 『다석 유영모 명상록』 3권, 김흥호 풀이,솔, 1998 여기서 두 어른은 이 땅을 세운 단군선조와 훈민정음을 창제한 세종대왕을 말함 .

ㅏㅑ → 아이들아
ㅓㅕ → 어서
ㅗㅛ → 와요
ㅜㅠ → 우흐로우로
ㅡㅣ → 세상을 뚫고 곧이 곧장

가 → 내가 가야한다
나 → 나가마
다 → 모든 사람이 다 나간다
라 → 가쁨으로 나간다
마 → 어머니
바 → 아버지
사 → 살기 위해 나가고
아 → 알기 위해 나가고
자 → 자라기 위해 나가고

차 → 찾기 위해 나가고

카 → 크기 위해 나가고

타 → 구름타고 나가고

파 → 꽃을 피우기 위해 나가고

하 → 하느님 끝까지 나간다

기니 → 그리스도께서

디리미 → 십자기에서 자기 자신을 내밀어 바치는 것이

비시이지 → 보잇 않느냐

치 → 인류를 치켜 올리고

키 → 키워 올리고

티 → 그 좁은 속을 티워 깨치고

피 → 진리의 꽃을 피워

히 → 무한한 하늘나라까지 끌어올린다.

2. 숫자풀이

하나 → 한, 나누어지지 않은 큰 것

둘 → 맞우맞 둘

셋 → 세우섬

넷 → 네모

다석 → 다 섬

여섯 → 이어 섬

일곱 → 이룸일굼

여덟 → 여둘업열에 둘 없는

아홉 → 없 한한 업

열 → 열리는

3. 용어 풀이

[ㄱ]

가멸 → 부富

가온찍기 → 「·」 나와 세상을 한 점으로 찍고 하늘을 향해 위로 솟아올라 잎으로 나가는
   것. 곧게 올라가는 것이면서 제게로 들어가 제게로부터 사는 것

계 → 거기, 절대세계, 하늘

고디 → 물질적인 탐욕, 유혹, 힘, 폭력에 휘둘리지 않고 하늘을 향해 하늘 길을 가는
　　　곧음

고맙다 → 고만하다, 그만하면 됐다. 자꾸 더 받아서 될 일이 아니라 고만하라

그눌 → 다스릴

그르 → 두 번째

그르봄 → 두 번째 봄

그이 → 군자君子

긋 → 점點, 끝의 한 점, 하늘과 땅 사이를 잇는 점

글월→ 글은 그를 그리워하는 것, 월은 위로 간 얼

김 → 기氣, 성령, 힘

깨끗 → 끝까지 깨다

깬봄 → 철학

꼴아래 → 형이하

꼴위 → 형이상

끈이 → 끊었다 이음, 식사

끼니 → 끊었다 잇는다는 끈이에서 나옴

[ㄴ]

나 → 하나의 숨쉬는 점

나봄 → 자각自覺

나위 힘 → 능력, 위로 나아갈 힘

날 → 현상現想

날셈→ 산 날수 헤아리기

낮밤 → 낮은 낮은저低 것 안에 있는 시간, 밤은 바라는망望 시간

낸감 → 제도

누리 →세상

눈님→ 누이

는지름 → 음란淫亂

늙은이 → 노자老子

니마 → 하늘을 머리에 이다

닐름속 → 고백, 속을 일르다

님 → 주主, 머리에 이고 갈 임

[ㄷ]
더욱→ 더 위로
덜없다 →더럽다
덧 → 시간 덧없다
돼봄 → 과학
등걸 → 단군檀君
땅구슬 → 지구

[ㄹ]
라므렴 → 자문自問

[ㅁ]
마침보람 → 졸업장
말언어 → 우리가 하느님께 타고 갈 말馬
말가름 → 논리論理
말미암아 → 그만하고 말아, 따라서, 그만두는 것,
말씀마루 → 종교
맘아들 → 제자
맘줄 → 심경心經
맞긋 → 종말
맨듬 → 창조, 맨 손으로 드러냄
맨지 → 접촉, 먼지
맨참 → 순수
무름 부름 푸름 → 물음을 물어서 입 안에서 불려서 풀어낸다
무름 부름 푸름 → 하늘의 본성, 하늘의 뜻 따름, 풀어져 기쁨을 누림
물불풀 → 땅에서 물 올라오고 하늘에서 불 내려와 이 땅위에 풀 생명이 자라게 한다
모름지기 → 모름 참을 꼭 지키는 것, 반드시, 꼭
목숨불 → 인간의 생명
묶는다挂 → 묶이는束 것
몬 → 물物

모름직 → 종교
돈 → 물질, 먼지에서 떨어진
뭉킴 → 협동, 힘을 모으다
미르 → 하늘을 오르는 용
밑일 → 기초공사

[ㅂ]
불이不二 → 상대적 유有도 상대적 무無도 아닌 것. 참으로 불이즉무不二即無하면 상대 세
　　　계의 종노릇을 벗어날 수 있다.
바람울림 → 풍악
바탈 → 받아서 할의 준말, 성性, 얼, 천성, 근본, 하늘 뚫린 줄사명 使命
박월 → 의문儀文
불구슬, 우주의 작은 화로 → 태양, 해,
불소 → 지구속, 용암
비바람 → 빌고 바라는 것, 말씀
빈탕 → 허공
빛골, 빛고을 → 광주
빛올 → 영광

[ㅅ]
사나이 → 산 아이, 대장부
사람 → 말씀 살리는 이
살림살이 → 살리는 일을 사는 것
살알 → 세포
살팽이 → 사람
삶잠참 → 살아내고 자라고 참에 이른다. 땅에서 솟나 고난 뚫고 하늘 향해 나아가는 것
　　　이 참
성큼 → 성하고 큰, 건하늘 건乾, 천天
소식 → 우주, 나
소식주 → 하느님
속알, 속알머리 → 속알맹이, 솟구쳐 올라가는 창조적 지성, 덕, 인간성, 인격, 신성, 하
　　　느님 형상

솟남 → 부활
숨줄 → 생명, 목숨, 호흡
실어금 → 실어갈 금
씨알 → 백성, 민
씻어난 이 → 성인聖人

[ㅇ]
아바디 → 아버지
아침 → 아 처음
아홉 → 아 없는
안해 → 아내
알맞이 → 철학
알짬 → 정精, 정력精力
어버이 → 업을 이
언 → 안ㄴ
얼 → 영靈
얼골 → 얼이 든 골짜기, 얼굴 골짜기
얼나 → 깨달은 나
얼은 → 어른, 얼을 지닌 존재
얼빛 → 영광靈光
없가장, 없꼭대기 → 무극無極
엉큼 → 마하트마
여덟 → 열에 둘 없는
여름아비 → 농부
여름질 → 농사
열 → 열리는
예 → 여기, 상대세계
온 → 일백
온늘 → 오늘 온 영원이, 금일今日
올 → 리理
올사리 → 이치를 밝힘
움쑥 → 음陰

283

웃둑불쑥 → 양陽

읊이 →시詩

이튿날 → 이어 트인 날

이마,니마 → 하늘에 있는 신을 뜻하는 고대어. 이마를 지닌 인간은 향일성 식물처럼 하
　　　느님을 그리워하고 찾으려는 본성을 자신 속에 지니고 있다는 사실

있가장 → 태극太極

잎글 → 엽서

[ㅈ]

자연 도심道心 → 천심天心, 일심一心, 지심地心, 물심物心, 인심人心을 총체적으로 움직이
　　　고 실현시키는 것

잘 → 만萬

잘몬→ 만물萬物

제계 → 저 세상, 천국天國, 절대세계, 피안彼岸

제므름 → 자기 탐구

제소리 → 내가 나를 보았을 때 나오는 소리, 내가 나를 알았을 때 말하는 소리

조임살 → 죄罪

죽음 → 끝, 꽃,

줄곧 뚫림 → 중용中庸

즈믄 → 일천一千

짓삶 → 직업職業

짓수 → 예술藝術

짬잼 → 조직組織

[ㅊ]

철학 → 말씀을 종합해서 사람노릇하게 깨우쳐 주는 것

[ㅋ]

칼→ 갈고 갈은

[ㅍ]

푸른 → 나이 청년

피 → 피는 꽃, 불꽃

[ㅎ]

하이금 → 사명使命. 할 일을 금 긋다

하잡없이 → 무위無爲

한나, 한 나신 아들 → 대아大我, 하느님 아들, 독생자

한늘 → 우주宇宙, 하늘

한데 → 바깥, 우주공간, 막힘없이 확 트인 곳

한읗 → 무한, 절대

한읗님 → '한'은 한행行 것. 한 것은 한 것으로 끝나는 것이 아니라 지금도 계속 이어짐

　　　　읗은 한읗님이 저 아래 계신 것 같지 않고 저 위에 계신 것 같아서 위를 읗이라 함

환빛 → 영광榮光

할우 → 하루, 하느님이 계신 우로 오르는 날

힘입 → 은혜恩惠

출처

『다석 유영모 어록』, 박영호, 두레, 2002

『다석 유영모』, 박영호, 두레, 2009년. 95~96쪽

『다석 유영모의 동양사상과 신학』, 김흥호, 이정배, 솔, 2002년

참고문헌

『다석일지』 1권, 김흥호 박영호 서영훈 편집, 홍익재 편, 1990.

『다석강의』, 다석학회엮음, 현암사, 2006.

『김교신전집』 5, 노평구 엮음, 부·키, 2002.

『김흥호전집 1,2, 다석일지공부』, 김흥호, 솔, 2001.

『제소리:유영모 선생님 말씀』, 김흥호 편저제10권

『김흥호 사색시리즈』, 솔,

『다석 유영모의 동양사상과 신학』, 김흥호, 이정배, 솔, 2002년

『진리의 사람 다석 류영모』 상, 하, 박영호, 두레, 2001.

『다석 유영모 어록』, 박영호, 두레, 2002.

『나는 다석을 이렇게 본다』, 정양모, 두레, 2009.

『다석 유영모』, 박재순, 현암사, 2008년.

『다석 유영모의 천지인 명상』, 박재순 함인숙 지음, 기독교서회,

『다석 유영모의 철학과 사상,박재순, 한울, 2013.

『유영모와 기독교의 동양적 이해』 다석 탄신 101주년기념강
　　　연,1991.3.9. 김흥호

『다석 유영모의 십자가 영성』 기독교 사상, 김흥호

『다석 유영모의 생애와 믿음』2015.10.8.이수포럼 발표, 심중식

『단지 말뿐입니까?』 함인숙 김종란 편집, 대장간, 2019.

『태양이 그리워서』 함인숙 김종란 편집, 대장간, 2019.

『성서 조선』 157호 1942년 2월호 33-34쪽

『오서오경독본 서경집전』,중, 주희, 이광호역, 전통문화연구회,
　　　2018.

명대철학 1 : 심학心學의 대가 왕양명王陽明, suzhou8283의 블로그

매일종교신문 2016.3.30일자『동서사상을 아우른 '창조적 생명철학·
   종교·사상가' 다석 류영모』

한국일보 2008.10.6일자「고종석의 사랑의 말, 말들의 사랑」중에서

동광원에서 1971년8월12일 마지막강의 중에서, 평산 심중식 녹취록

『성경전서』새번역,

한국민족문화대백과사전

네이버 지식백과

다음 어학사전

민중 국어사전

다음 백과사전

네이버 한자사전

나무위키

위키백과

출처 소개

시의 출처는 『다석일지』 1권이하 1권, 『다석일지』 4권이하 4권, 다석강의이하 강의에서 도움을 받았다.

2권

3권